歴史文化ライブラリー
348

日清・日露戦争と写真報道

戦場を駆ける写真師たち

井上祐子

文館

目　次

日清戦争と写真報道の黎明

戦間期の情勢と義和団事件の報道

日露戦争と写真報道

明治の戦争と報道写真——プロローグ

写真・戦争・報道メディア

毎朝の新聞には、たくさんの写真が刷り込まれている。大きな災害や事故・事件があればもちろんのこと、内外の有名・無名の人々、季節の風物や行事など、多種多様の写真を私たちは毎日見る。現在では、テレビやインターネットで、もっと素早く、動画を見ることもできる。それでも私たちは、ときに微笑(ほほえ)みながら、ときに憤(いきどお)りながら、新聞や雑誌の写真映像からその人物や出来事のイメージを膨らませる。これはいつから始まったことなのだろうか。

日本の新聞に写真が初めて掲載されたのは、明治二三年（一八九〇）である。『毎日新聞』（明治三年創刊『横浜毎日新聞』の後継紙で、現在の『毎日新聞』とは無関係）が、帝国議会議員の肖像写真を数回に分けて付録に付けた。新聞本紙に写真が印刷できるようになったのは明治三七年一月で、『報知新聞』が女官や女優の肖像写真を掲載したのが最初である。雑誌では、明治二七、二八年の日清戦争のときに、口絵に網目銅版印刷の写真を掲載することができるようになり、博文館の『日清戦争実記』が人気を博した。以来、一〇〇年以上にわたって、私たちは新聞や雑誌の写真になじんできたのである。

これら新聞・雑誌に掲載されて、出来事を伝える写真を報道写真という。報道写真には、人によってさまざまな定義があり、筆者と異なる見解もあるが、本書では、新聞・雑誌などの各種メディアに掲載されて、さまざまな事件や出来事を伝える写真を報道写真と呼んでおく。また、写真によってそれらの事柄を広く伝える行為を、写真報道という言葉で表す。

この一〇〇年あまりにわたる報道写真の歴史の中で、多種多様な報道写真が誕生したが、その中で最も重要なテーマの一つが戦争であろう。戦争が始まれば、誰しも国とみずからの行く末を左右する戦局に無関心ではいられない。また、戦地に家族や知人を送った人々は、その安否を気遣って、情報を求める。映画は明治二九、三〇年に輸入され、日本でも制作する人が出てくるが、明治期には未熟で、テレビやビデオはもちろん、ラジオもまだなかった。日清・日露戦争期において、戦争を伝えるメディアの主力は、新聞と雑誌であった。

前述のように、新聞本紙に写真を印刷できるようになったのは、日露戦争勃発の直前であり、開戦当初は、新聞に掲載される写真はまだ少なかった。しかし、一部の新聞は写真報道に力を入れ始め、紙面に掲載される写真も次第に増えてくる。また、雑誌においては、日清戦争期に口絵写真を掲載したものが登場するが、日露戦争期にはさらに発展し、口絵写真はなくてはならないものとなった。

日清戦争という画期

日本初の従軍写真師は、明治七年（一八七四）の台湾出兵の際に従軍した松崎晋二（まつざきしんじ）と熊谷泰である。熊谷は同地で亡くなったが、松崎は帰国後、台湾の写真を販売している。明治一〇年の西南戦争でも、上野彦馬（うえのひこま）と富重利平（とみしげりへい）が政府に依頼されて、政府軍の将校や戦争跡地の写真撮影を行なっている。しかし、これらの写真は、広く一般に見られたわけではない。したがって、この時点ではまだ、写真報道が開始されたとはいえない。

明治二七年に始まる日清戦争は、近代日本最初の本格的な対外戦争であり、その後の日本の進路を方向付けた画期的な戦争であるが、メディアおよび写真にとってもターニングポイントであった。日清戦争において、軍は初めて軍内部に戦争を記録する写真班を結成し、また、従軍記者制度を設けて、記者や写真師の従軍を正式に認めた。メディアが軍の一部に組み込まれたことは、一方で問題をはらむことであったが、それによって戦争報道が新しい段階に入ったのも事実である。

また、日清戦争から写真報道も始まる。写真そのものも複製メディアであるが、前述のように、日清戦争期には写真の印刷が可能になった。写真印刷物が広く出回ることで、写真がとらえた戦地の情景を目にする人の数が桁違いに増え、人々の戦争に対する認識や記憶の形成に影響を及ぼすようになる。したがって、本書では、写真印刷物が制作・出版されるようになった日清戦争以後を考察の対象とする。

とはいえ、日清戦争期に写真の印刷が突如として始まったわけではない。当然のことながら前史があるので、まずはじめに、日清戦争期までの写真・報道メディア・印刷をめぐる状況についてまとめておく。その後、日清戦争期・戦間期・日露戦争期の三期について、その間の人と技術の足跡を追いながら、各時期の写真報道を検証していく。日清戦争期に戦争報道に利用されるようになった写真は、先に述べたように、日露戦争では大きな役割を果たすようになり、巻頭数十ページにわたって写真や石版画(せきばんが)を掲載し、図像に重点をおいた画報雑誌も登場した。そこで、最終章では、明治・大正期の代表的な出版社である博文館が日露戦争期に発行していた戦争報道雑誌を取り上げ、それらの雑誌において、日露戦争がどう伝えられたのかを見ていきたい。

新聞・雑誌を取り上げる意味

現在、日清・日露戦争の写真は、さまざまな書籍に掲載されるだけでなく、写真集としても出版されており、国立国会図書館の近代デジタルライブラリーなどインターネットでも見られる。それらの多くは、陸軍内に設置された大本営写真班の撮影したもので、当時においても写真帖として出版されるなど、広く流通していた。

本書でもそれらの写真帖を資料としたが、本書においては、それに加えて、新聞や雑誌の写真も取り上げる。その中には、大本営写真班が撮影したものも含まれているが、新聞・雑誌には、民間独自に撮影・収集したものも掲載されている。そのため、大本営写真班という軍の機関とは異なる視点・角度から戦争をとらえた写真もある。さらに、日露戦争期に出版された多くの戦争報道雑誌においては、一口に民間といってもそれぞれに特徴があった。これら民間メディアの写真印刷物を分析の対象とすることで、現在までの日清・日露戦争期の写真研究に新たな一面を加えたいと思う。

後藤勝は、「写真とは結果を見せる手段ではなく、問題提起だ」と述べている（「写真の力を信じて」筑紫哲也編『職業としてのジャーナリスト』〈『ジャーナリズムの条件』一〉、岩波書店、二〇〇五年）。動画映像もまた、その機能を持っているが、写真は静止画像であるために、一枚に込められた意味が深ければ深いほど、受け手を立ち止まらせ、考えさせる力を持つ。現在では、写真といえばデジタルカメラで撮るものとなったが、ガラス乾板であっても、フィルムであっても、写真の機能は変わらない。現実の出来事を見つめ、その出来事がはらむ問題を凝縮して一枚の静止画像の中に記録し伝える、それが報道写真の真髄である。

インターネットが発達した現在、印刷に付される何倍もの写真が電子媒体の中でやり取りされるようになり、印刷物は危機にあるともいわれている。しかし、明治の印刷物は、一〇〇年以上の時を生き延び、当時の人々が見たのと同じ写真を、同じように私たちに見せてくれている。電子媒体は確かに便利であるが、印刷媒体だからこそできることもある。日清・日露戦争の時代、写真による戦争報道は始まったばかりで、未熟であった。しかし、その黎明期において、写真および写真印刷物が戦争にいかに関わり、どんな問題をはらんでいたのかについて考えることは、戦争を伝えるメディアとしての写真と写真印刷物の、今日あるいはこれからの在りようや問題について考えることにもつながるのではないかと思う。

なお、表記については、読者の読みやすさを考え、以下のとおりとした。

写真のタイトルは原文どおりとして、カタカナ書きを残したが、引用については、カタカナをひらがなに改め、適宜、濁点・句読点を補った。また漢字は、人名などの固有名詞を含めて、常用漢字を用いることを原則とした。国名・地名については、大韓民国の国名は、一八九七年の国号変更以前には朝鮮とし、それ以後は韓国と表記した。「満州」については、「　」を付するべきであるが、煩雑になるので「　」を付さずに満州と表記した。

また、引用資料中には、現在では差別と取られる不適切な表現があるが、資料的価値を考え、本書ではそのまま掲載した。

日清戦争までの写真・印刷・報道メディア

写真と図像印刷の技術

湿板写真の伝来

日本に写真が伝わったのは、幕末の一八四〇年代である。当初伝わったダゲレオタイプは、取扱いが難しいうえに、露出にも数分以上かかる写真術で、複製もできない一枚限りのものだった。薩摩藩や水戸藩などが研究に乗り出すが、実用化にはいたらなかった。

しかし、五〇年代半ばになると、開港地にやってきた外国人たちによって、コロジオン湿板法が伝えられる。コロジオン湿板写真は、コロジオンという溶液を塗ったガラス板を硝酸銀に浸して感光性を与え、原板が濡れているうちに撮影・現像・定着するというものである。露出時間は五〜一五秒と格段に短くなり、一枚の原画から何枚でも印画ができるようになった。

湿板写真によって、日本でも写真が普及し始める。とはいえ、湿板法にも面倒な操作が不可欠で、化学・光学の知識も必要であり、しかも、それらの技術・知識は、師弟相伝の秘法だった。そのため、一人前になるには、師匠の下で修業を積まなければならなかった。それでも、明治九年（一八七六）の東京の「写真師見立番付」には、一三〇名ほどの写真師が掲載されており、関西でも同じようなものが作られたという。写真師は文明開化の花形職業として、注目を集めていたのである。また、この頃から、修業を終えて帰郷した人々が、地方都市でも写真館を開業するようになっていった。

明治初期の写真師たちは、写真館で肖像写真を撮影するとともに、地域の災害や近代化の様子を写真に残した。湿板法では、戸外で撮影するためには、暗室も持ち運ばなければならなかったが、写真師たちは、各地でさまざまなものや出来事の記録に挑んでいる。田本研造らが撮影した北海道開拓の記録写真が有名だが、他にも官庁や公的機関の記録や報告、宝物の調査に際して写真が利用されている。湿板写真の時代から、写真の記録性、目の前の被写体を忠実に再現するという特性は、生かされていたのである。

乾板写真の輸入と影響

明治一〇年代後半になると、ガラス乾板が輸入されるようになる。ガラス乾板は、あらかじめ臭化銀ゼラチンをガラス板に塗ったもので、撮影直前に薬剤を塗る必要がなくなり、また、現像もその場でなくてもよくなった。露出感度も上がって、露出時間が何分の一秒かに縮まったため、撮影できる対象・領域が大いに広がった。

日本に最初に輸入されたイギリス製の乾板を使用したのは、江崎礼二であった。明治一六年（一八八三）、江崎はこの乾板を用いて、隅田川で行われた海軍のボートレースと水雷の爆発の瞬間撮影に成功し、〝早撮り写真師〟として有名になった。

乾板でも化学知識と修練は必要だったが、写真雑誌や講義録なども出版されるようになり、写真術は秘法ではなくなりつつあった。また、後で述べる小川一真など、海外へ留学して、新知識を直接学んでくる写真師も出てきた。当時カメラの本体は暗箱と呼ばれていたが、暗箱とレンズ・シャッター・三脚などの付属品、現像のための薬剤などをそろえるには、かなりの費用がかかった。それでも、写真の撮影や現像が容易になったことで、上流階級・富裕層の中には写真を趣味とする人も増えていった。子爵榎本武揚や侯爵徳川篤敬などがその代表格で、榎本は日本最初の写真団体である日本写真会（明治二二年創立）の会長を務め、徳川も明治二六年にできた大日本写真品評会の会頭となっている。

また、メディアも写真に注目し始める。明治二一年七月の磐梯山噴火の際には、地元福島県だけでなく、東京や近郊各県から多くの写真師が、写真機材一式を背負って撮影にきた。『読売新聞』では、仏教運動家田中智学が同道した写真師吉原秀雄の撮影した写真を銅版印刷に付し、田中の手記とともに付録に掲載した。かなり複雑で手間のかかる印刷方法だったらしいが、評判になったという。田中と吉原は、それらの写真から幻灯（スライド）を作り、各地で映写会を開いてもいる。

明治二〇年代は、湿板写真も残りつつ、ガラス乾板をはじめとする新機材や新知識が広がり、日本の写真界がさらなる進歩を遂げていく時代であった。

新しい木版画

日本の伝統的な木版は、木目にそった版材を使う板目木版であるが、西洋の木版は、木目に垂直に切った版材を使う木口木版である。木口木版は、版材が硬いため細かい彫刻が可能であり、立体的で写実的な表現がその特徴であった。その点、平面的な趣の浮世絵版画と大きく異なる。

浮世絵版画（錦絵）は、明治初期には、鉄道などの新しい文物や首都東京の新しい景観や風俗を描いた「開化絵」など、新しい題材を描いて活況を続ける。さらには、西南戦争や各種博覧会など、時事的な出来事や式典・催事も題材とした。カラー印刷が少ない中では、華やかな色刷りの錦絵の存在価値は、大きかった。しかし、石版画や写真製版が登場し、それらとの競合を余儀なくされる中、明治の後半期には衰退していく。

一方で木口木版は、新聞や雑誌、あるいは教科書の挿絵に利用範囲を広げていった。板目でも木口でも木版画は、印刷したい部分を残して、後の部分を彫る凸版であったので、活字とともに印刷ができた。写真の印刷がまだ広がらない時代においては、写実的な表現が可能であり、活字とともに印刷ができる木口木版は、写真の代わりとして歓迎された。

日本で木口木版を本格的に広めたのは、合田清である。合田はフランス留学中に画家山本芳翠と知り合い、彼に勧められて木口木版を習得して帰朝する。そして、山本や秀英舎（現在の大日本印刷株式会社）の協力を得て、明治二一年（一八八八）に生巧館を開業する。先の磐梯山の噴火の際には、『東京朝日新聞』がこの山本・合田コンビの木口木版画を付録に付け、こちらも話題になったという。

木口木版は、西洋木版あるいは写真木版と呼ばれることもある。この場合の「写真」とは、フォトグラフの意味ではなく、文字どおり「真を写す」という意味である。合田は湿板写真のコロジオン膜をはがして木口に貼り付け、それを下絵として彫る技法も考案した。これを写真木版と呼ぶこともある。

石版画によるカラー印刷

石版画も写真と同じく幕末に伝来したが、実用化するのは明治に入ってからである。明治新政府では、紙幣や切手の印刷が急務であり、イタリア人銅版彫刻師エドアルド・キヨッソーネなど、銅版や石版の技術者を外国から招いて、それらの印刷を急いだ。また、役者絵を制作していた彫刻会社など民間の会社でも、外国人技術者を招聘しており、官民あげて、西洋の印刷技術の習得に努めていた。

石版術は、特殊な大理石を版材として、脂肪と水が反発するという化学反応を利用した平版（へいはん）印刷である。つまり、石版石に描画した部分にだけインキが吸着して印刷ができるというもので、彫刻の必要がない。それは、時間と手間の短縮を意味した。

また、版面に細かい傷を付けて凹凸を作ることを砂目（すなめ）立てというが、砂目を立てた石版にクレヨンで描画するとぼかしが表現でき、よりリアルな図像が可能になる。一方、表面を磨いた石版を磨き石版というが、日本では砂目石版が好まれ、明治二〇年（一八八七）前後には「石版額絵」が人気を博する。

石版では、転写紙を用いて、原版から転写製版したものを印刷に使うことができ、大量印刷が可能であった。また、写真術を応用して下絵を転写する写真石版法も伝来し、日本でも研究が進められた。さらに、石版画は多色刷り（クロモ印刷）も可能であった。短時間で大量のカラー印刷ができる石版画は、明治期には錦絵と並んでカラー印刷の中心であり、中期以降は額絵だけでなく、雑誌の口絵やチラシ・レッテルなどさまざまなものに利用された。

石版は、一度印刷が終わったものの表面を磨けば再利用できるという利点があったが、重いのが難点だった。そのため、その原理を軽い金属の版材に応用する研究も進められ、後には亜鉛（あえん）やアルミニウムが使われるようになる。

コロタイプ印刷の登場

コロタイプ印刷は、写真製版法の一種で、日本では明治二〇年代前半に実用化された。写真製版法とは、写真術を利用して印刷用の版を作る方法で、前述の写真石版法もその一つだが、次に述べる写真網版（あみはん）法や大正期に盛んになるグラビア印刷法などがある。

コロタイプ印刷は、ゼラチンの膜をガラス板に塗布し、これに陰画（いんが）（ネガ）を密着して光をあてて製版する。この際、光を受けた部分は小じわがよって硬くなるので、水に浸し て洗い流すと、受けた光の量によってゼラチンが含む水の量に違いができる。ここに、脂肪性のインキを付けると、光を多く受けた部分ほどインキを多く吸収して、図像が表れる。原理としては、石版と同じである。次に述べる網版法と違って、美しい印刷ができるのが利点であるが、複製版ができないので、大量印刷には向かない。

アメリカでこの印刷方法を学び、日本に持ち帰ったのが、小川一真である。小川は明治二一年（一八八八）から同法を用いて、宝物やみずからも関わって創刊した美術雑誌『国華（こっか）』などの印刷を手がける。そして、翌二二年に小川写真製版所を開設して、本格的に事業を展開する。一方、同年一一月には、同じくアメリカで印刷・製本の調査を行なっていた東京製紙分社（後の東京印刷会社）の星野錫（ほしのせき）が帰朝し、アートタイプの名前でコロタイプ印刷による印刷物を発表した。これら二社でコロタイプ印刷が可能になり、『国華』以外にもコロタイプ印刷法による雑誌や写真集などが発売されるようになる。

網版印刷の実用化

写真の印刷が難しかったのは、印刷がインキの有無で白黒を表すのに対し、写真が白黒の階調・グラデーションによって、図像を表すものであったからである。網版法は、印刷したいものの濃淡を点の大小に置き換えて表すことで、写真の印刷を可能にした。

網版法は、感光板（かんこうばん）の前方に網目スクリーンを置いて、印刷したいものを写真撮影する。網目スクリーンを通ることで、光の強弱が感光板の同じ面積に対する広狭となって表れる。つまり、黒の度合いを濃さではなく、一定の面積の中の黒の点の大きさで表すのである。こうしてできた陰画を版材に焼き付けて、腐食処理をほどこし、網点の凸版を作る。

この方法を日本で最初に研究し始めたのは、陸軍参謀本部測量局の銅版彫刻技手であった堀健吉（ほりけんきち）である。彼は、フランスの雑誌から学び、測量局写真科の斎藤鈔太郎（さいとうしょうたろう）らの協力も得て、網目スクリーンを自作し、網版の製版に成功した。明治二二、二三年頃のことだという。明治二三年（一八九〇）、堀は測量局を退いて、写真製版工場猶興社（ゆうこうしゃ）を立ち上げる。前述の『毎日新聞』の帝国議会議員の肖像写真は、ここで製版され、秀英舎で印刷された。彼は、その後も研究を続け、明治二六年からは、本格的に写真網目製版の事業を開始し、一般からの注文にも応じるようになる。

一方、同年五月小川一真は、コロンブス記念万国博覧会とともに行われる万国写真公会に評議員として派遣され、シカゴを訪れる。その際に視察した印刷工場で、写真網目銅版印刷に着目した。同法を印刷界の状況を変える技術と考えた小川は、その後に予定されていた欧州視察の資金をその機械一式の購入にあて、その技法を学んで帰朝する。そして、翌二七年一月から、写真網目銅版による製版業を始める。

こうして、日清戦争が始まるまでに、網版印刷が可能になっていたのである。なお、堀が版材に亜鉛を使用していたのに対し、小川はアメリカで学んだとおり、銅を使っていた。亜鉛の方が、腐食が深く鮮明な図像が得られ、また、安価であったが、銅には強く、もちがよいという特徴があった。

多才なチャレンジャー――小川一真

小川一真（一八六〇～一九二九）は、明治中～後期の写真界・写真製版印刷界を牽引した最大の功労者の一人であり、彼の業績は、多岐にわたる。日清・日露戦争における彼の活動については、次章以下で述べることとして、ここでは小沢清『写真界の先覚―小川一真の生涯―』（日本図書刊行会、一九九四年）などを参考に、それまでの経歴を簡単に紹介しておく。

小川は、前述の磐梯山噴火を撮影した写真師吉原秀雄の下で湿板写真術を身に付けた後、明治一五年（一八八二）にアメリカに渡る。アメリカで知己を得た子爵岡部長職の助言などもあり、アメリカでは最新の写真術とコロタイプ印刷の技術を習得し、一七年に帰国した。翌年には玉潤館小川写真館を開業するが、同年、陸軍参謀本部測量局（後の陸地測量部）から地図写真術の講師を委嘱され、軍部と関係を持つようになった。陸地測量部については次章で述べるが、小川は、地図製作に必要な写真術だけでなく、地図の製版・印刷に関しても協力していたようである。

一方で、前述のようにコロタイプ印刷業・網目銅版製版印刷業を立ち上げ、また、結局は成功にいたらなかったものの、乾板製造にも力を注ぐ。写真館においては多くの門弟を育て、さらには、第二次『写真新報』（明治二二～二九年）の編集者となって、技術の普及に努めた。また、日本写真会など写真団体の設立・運営にも携わっている。当時の写真界はまだ秘密主義的であったが、小川は、これらの活動を通じて、最新の写真術の輸入や普及に力を尽くし、写真界の弊風の打破にも挑戦したのである。

図1　小川一真

新聞・雑誌の報道主義と視覚化

報道画としての錦絵

事件や出来事を絵によって表し、伝えるという伝統は日本にもあった。瓦版（かわらばん）や錦絵（にしきえ）は江戸時代に生まれたものだが、前述のように、明治に入ると錦絵は取り上げる対象を増やし、「明治錦絵」として再生する。しかし、これらは定期的な出版物ではない。新聞や雑誌という定期刊行物の形態も、明治になって入ってきた文明開化の文物であった。

明治七、八年（一八七四、七五）には、和洋が混ざり合った錦絵新聞が登場する。錦絵新聞とは、「新聞記事から拾ったニュースを一枚の浮世絵にして、説明記事と合体させた新しいヴィジュアル出版物」であり、時事報道に錦絵の技術を利用したものである（土屋礼子『大衆紙の源流─明治期小新聞の研究─』世界思想社、二〇〇二年）。内容をシンボライズした絵のわかりやすさと色の鮮やかさで、文字の読めないものにも訴求力を持った。また、明治初期には、西南戦争など時事的な題材を描いた一枚ものの錦絵も、たくさん作られた。しかし、錦絵新聞もほどなく小新聞(こしんぶん)にとってかわられ、報道画としての錦絵も、日清戦争期に一度息を吹き返すものの、次第にすたれていく。

『風俗画報』の創刊

錦絵に代わって報道画の主流になったのは、石版画(せきばんが)である。明治一〇年代には、錦絵と並んで写実的な石版の報道画が、絵草紙屋(えぞうしや)の店先に並べられるようになる。写実的な石版画を作製するために最も必要なものは、西洋的な原画、つまり、陰影を付けた立体感のある下絵であった。西洋美術の受容は、それ自体大変大きなテーマであるが、写真術同様、目の前の現実を忠実に写し撮る技術として幕末に伝来し、開港地にやってきた西洋人や明治新政府のお雇い外国人たちによって教えられた。

西洋に学んだ「銅版・石版折衷(せっちゅう)による精巧な新石版画によって、多色刷の絵画の魅力と、ニュースバリューを併せもった、新しい報道画雑誌」として誕生したのが、東陽堂(とうようどう)の『風俗画報』（明治二二年創刊、四六倍判、月刊、一〇銭）である（山本駿次朗『報道画家山本松谷の生涯』青蛙房、一九九一年）。同誌は、東京の新しい風俗や地方の伝統的な風俗をはじめ、さまざまな名所や産業・動植物などを描いて紹介したが、その中に市井(しせい)の出来事や事故・天災なども取り上げた。「洪水地震被害録」（全三冊、明治二九年一〇・一一月）や「東京勧業博覧会図絵」（全五冊、明治四〇年三～七月）など特集も多く、中でも「新撰東京名所図会」は、近郊名所まで入れると一四年間で八一冊に上った。戦争に関する特集としては、「日清戦争図絵」（全四冊、明治二七年九～一二月）、「征清図絵」（全六冊、明治二八年一～五月・七月）、「征露図絵」（全二八冊、明治三七年二～一二月・三八年一～九月・三九年一月）などがある。

『風俗画報』の報道画の中には、錦絵的な誇張があり、必ずしも写実的とはいえないが、時事性と視覚性を売り物にする新しい雑誌として人気を集めた。

〝中新聞〟化の進行

明治前半期の新聞には、大新聞と小新聞がある。大新聞は、知識人に向けて政治を論じる政論新聞であり、前述の『毎日新聞』、現在の『毎日新聞』の前身である『東京日日新聞』（明治五年創刊）および『大阪毎日新聞』（明治九年創刊『大阪日報』の後継紙）、福沢諭吉が発行していた『時事新報』（明治一五年創刊）などがある。一方、小新聞は、市井の出来事を通して、庶民層や女性・子供に文明開化や勧善懲悪を教えるものであり、『読売新聞』（明治七年創刊）と『朝日新聞』（明治一二年創刊）は、小新聞から出発した。小新聞は、花柳界・演芸界の話題を提供するなど、娯楽的な側面も強かった。大新聞は漢文口調であったが、小新聞は挿絵入りで、平易な言葉を用い、全文にルビがふってあった。

西南戦争以後、自由民権運動が盛んになると、政党の機関紙としての新聞が創刊されるが、既存の大新聞もそれぞれ政党の機関紙的な色合いを濃くしていく。これに対して、政府は厳しい弾圧をもって臨んだ。政党側にも政党間の対立・確執や政党内の分裂などがあり、大新聞は次第に発行部数を減らしていく。

明治二〇年代に入ると、憲法が発布(はっぷ)され、衆議院議員の選挙、国会開設にいたるが、その過程で、当初の目標を失った政党および大新聞は、さらに力を失っていく。しかし、国会の開設は、一方で、その動向を知らせる必要を生んだ。また、条約改正問題や清国・朝鮮の情勢は、海外の情報に関心を持つ人を増加させ、経済情報の需要も増えていた。これら内外の情勢に加え、教育水準の上昇もあり、大新聞読者たちの報道への志向が強まっていく。また、磐梯山の噴火（明治二一年）や濃尾(のうび)大地震（明治二四年）など、明治二〇年代前半には自然災害も多く、新聞はその情報を伝える役割も担うようになっていた。

このような情勢の中、地方新聞はまだ政党色を残していたが、東京・大阪の大新聞は、〝不偏不党〟をうたい、報道主義を標榜(ひょうぼう)するようになる。さらに、落ち込んだ部数を回復するため、紙面の平易化と視覚化をはかり、新しい読者層の開拓に乗り出していく。

大新聞の姉妹紙であった小新聞は、やはり政党の先細りとともに衰退していくが、逆に最初から単独の小新聞として創刊した『読売新聞』や大阪の『朝日新聞』は、部数を拡大していく。『朝日新聞』は、小新聞ながら報道にも力を入れ、さらには論説も徐々に増やし、小新聞からの脱皮を図った。明治二一年（一八八八）には、自由党系の小新聞『めさまし新聞』を買収して、東京に進出する。以後『朝日新聞』は、昭和一五年（一九四〇）の題号統一まで、『大阪朝日新聞』と『東京朝日新聞』の二つを発行する。

このように、明治二〇年代には、大新聞・小新聞双方からその折衷の〃中新聞〃化が進み、視覚性を取り入れ、速報を旨とする報道本位の新聞の時代が始まる。

輪転機による印刷の高速化

新聞・雑誌の速報化を可能にしたものは、電信と郵便制度と印刷の高速化である。活版印刷に取り入れられた最初の高速化技術は、明治八年（一八七五）に実用化された紙型・鉛版法であった。紙型とは紙で作った鋳型のことである。紙型・鉛版法は、活字を組んだ組版の紙型を取り、そこに鉛を流し込んで作った刷り版を印刷機にかけるという方法である。これによって、簡単に何枚もの複製版を作ることができるようになり、作業効率が上がった。また、鉛は溶かせば何回でも使え、経済効率もよかった。

活版印刷の高速化をもたらした第二の技術は、高速輪転機である。帝国議会は、明治二三年に開設されるが、『東京朝日新聞』では、帝国議会の動向をいち早く知らせるために、

社告

吾社新聞の發行紙數日に月に増進し從來の印刷機械三十二ページ掛にては十餘臺を備ふるも到底應ずる能はざること、なり動もすれば發送配達の上に遲延を來すの憾あり因りて今度佛國より世界無雙の新製マリノニ輪轉機械を購入し右は既に到着したるに付本社に据着試刷を終はれり此機械は曩きに東京支局に二臺を設置し議會傍聽筆記印刷の用に供したるものと同一形式にして更に幾分の改修を加へたる新機械なれば表裏兩面摺りにて一時間三萬枚を刷得るものなり就きては今より印刷迅速にして鮮明優た發送配達の遲延を致す等なかるべし右機械の形式は下圖の如し

今回の新議會は解散後特に召集せらる、ものに係り其議事、其情況は人人の最も注目する所なり吾社は既往二次の經驗に徴し已に之に對する萬般の準備を整頓せり中にも傍聽筆記の如き例に依りて熟練なる社員數名を特派し可及的詳細精確なるものを作り之を附錄又は號外として本紙に添附すべし議會日々の議事要領を首とし議院の内外に發する緊要の事件は機を失はず一々電報せしめ特に其至急を要するものは臨時號外を發して即時報道すべし此外凡そ社會の耳目たる責任を盡す上に於ては益從來の主義を擴張して吾社獨得の技倆を顯はし誓ひて讀者の眷顧に孤負せざるべし

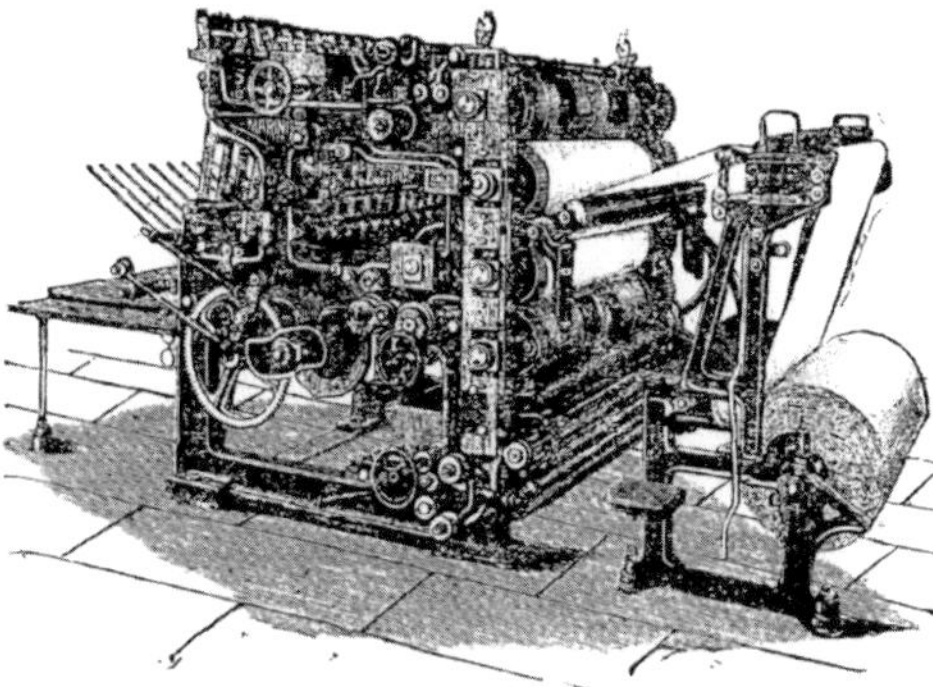

図２　マリノニ輪転機導入の社告（『大阪朝日新聞』明治25年５月１日より）

同年、フランスからマリノニ輪転機を輸入する。『東京朝日新聞』（明治二三年九月二七日）の社告によれば、それまでの平台の印刷機では、舶来の最良のものでも一時間一五〇〇枚であったのに対して、マリノニ輪転機では、その一〇倍の一万五〇〇〇枚を容易に印刷できたという。

『大阪朝日新聞』では、東京に遅れること二年、明治二五年からマリノニ輪転機が活躍する。また、『大阪毎日新聞』でも明治二七年に、『東京日日新聞』では二八年にマリノニ輪転機を導入した。出版社では、博文館（はくぶんかん）が明治三〇年に自社内に印刷設備を整え、三六年にマリノニ輪転

機を使用し始めた。

マリノニ輪転機でも、紙型・鉛版法によって刷り版を製版するのだが、この紙型・鉛版法は、細かい図像の印刷が不得手であった。密集した線や点を写し取ると紙が破れたり、鉛が詰まったりしてしまうのである。複製版を取る方法としては、もう一つ電胎版（でんたいばん）というメッキの技術を使う方法がある。これは、細かい図像を写し取ることができるので、地図や証券など精巧な印刷に利用されるのだが、時間がかかる。したがって、網目凸版や細かい彫りの木口木版などは、紙型・鉛版法を用いる本紙に刷り込むことはできず、付録として別に印刷しなければならなかった。写真の印刷において、雑誌が新聞よりも先んじるのは、印刷速度や紙の質などの点で新聞よりも制約が少なかったからである。

毎日大量の部数を印刷する新聞においては、本紙に刷り込む図像としては、比較的目の粗い木版画に限られる時代が長く続く。前述のように、新聞本紙に写真が刷り込まれるようになるのは、明治三七年からだが、これが可能になったのは、写真製版した網目銅版を輪転機に組み込む技術が実用化されたからである。網目銅版から紙型を取ることができるようになるのは、大正時代に入ってからであった。

日清戦争と写真報道の黎明

日清戦争と従軍写真班

大本営は、戦争・事変の際に設けられる最高統帥機関であるが、日清・日露の両戦争においては、大本営付の従軍写真班（大本営写真班）が結成され、彼らが戦地で写真撮影にあたった。この従軍写真班は、陸軍参謀本部陸地測量部の部員を中心に構成されていた。そこで、まずこの陸地測量部について、述べておきたい。

陸軍参謀本部陸地測量部

陸軍では、明治一一年（一八七八）一二月に参謀局を廃止して、統帥機関としての参謀本部を設置する。大江志乃夫は、参謀本部の設置は、日本陸軍が内戦鎮圧のための軍隊から、「外敵との戦闘を主任務とする軍隊へと性格を転換させた」ことを表しているという（大江志乃夫『日本の参謀本部』中公新書、一九八五年）。参謀局時代には、参謀局諜報係が軍用地図の編纂にあたっていたが、参謀本部の設置にともない、地図課と測量課が置かれた。明治一七年に両課を併合して測量局となるが、二一年五月に陸地測量部条例が公布され、参謀本部隷下の一機関として陸地測量部が発足する。

陸地測量部には、三角科・地形科・製図科の三科があり、三角科と地形科が測量にあたり、製図科が製図・製版・印刷の作業にあたった。測量関係者たちは日本各地で測量を重ね、製図科では、石版術や写真製版術を研究し、製版・印刷の改良に務めていた。つまり、陸地測量部とは、測量とそれをもとにした地図作製の部署であり、部員たちは、より精緻な地図およびその他の資料の製作に従事していたのである。製図科の任務については、次のように書かれている。

基本作業は地形図及之(およびこれ)を縮図編纂せる編纂図の作製を主体とし、臨時作業は外邦図、模型、写真其他臨時の作業を実施す。（陸地測量部『陸地測量部要覧』大正一五年）

その成果は、例えば明治二三年には、「転写亜鉛製版法の研究等大に進歩し（中略）印刷は十二万一千四百余枚の多数に及び、写真は一千二百六十八枚を調整せり」とあり、二五年には「各種印刷総計十九万八千六百十四枚」に達したという（陸地測量部『陸地測量部沿革誌』大正一〇年）。

日本の軍隊は、「外敵との戦闘を主任務とする軍隊へと性格を転換させた」が、それは当初は、国土防衛のための軍隊であった。しかし、朝鮮情勢を受けて、外征軍へと変化していく。

清国・朝鮮の情報収集

日本は明治維新以来、朝鮮に勢力を伸ばすことでみずからの大国化を図ろうとしていたが、そこには朝鮮の宗主国である清国や、半島への勢力伸張をもくろむロシアが立ちはだかっていた。朝鮮では、明治一五年（一八八二）の壬午の乱（反日軍乱）に続いて、その二年後に甲申事変（親日派のクーデターとその即時鎮圧事件）が起こる。これによって、清が権勢を回復し、日本の勢力は朝鮮から排除される。

参謀本部では、壬午の乱以降、清国を仮想敵国として、外征の準備に力を入れ始める。明治一八年の参謀本部の制度の改正は、「外征戦争準備のための機構改編」であったと大江は指摘する（前掲大江『日本の参謀本部』）。諜報活動はそれ以前から行われていたが、民間人も組み込んで、清国・朝鮮における情報収集活動は活発になっていく。彼らの多くは変装し、変名を使い、兵用地誌編纂のための資料やその他の情報の収集に動いた。日清の衝突に備えて、測量局でも明治一九年から、外邦図の作成が新しい業務に組み入れられた。

日清戦争の意義

日清戦争は、朝鮮において劣勢にあった日本が、甲午農民戦争（東学党の乱）をきっかけに、朝鮮の覇権をかけて清国に仕かけた戦争である。甲午農民戦争は、朝鮮で起こった反政府運動であるが、明治二七年（一八九四）六月、この騒乱を鎮圧するために、日清両国は出兵する。その後、東学党と朝鮮政府は和解するが、日本は朝鮮に「改革」をつきつけて居座り、七月二三日、王宮占拠事件（日朝戦争）を起こして親日派政権を樹立する。朝鮮国王に清国軍駆逐援助の命を出させた日本は、本格的に清国との戦争に入る。

日清両国の宣戦布告は八月一日だが、それに先立つ七月二五日の豊島沖海戦で武力衝突は始まっており、この日から下関講和条約が締結される明治二八年四月一七日までが、狭義の日清戦争である。下関条約では、遼東半島と台湾の割譲が決まったが、遼東半島については、露・独・仏による干渉を受けて返還することとなる（三国干渉）。また、台湾においては住民による激しい抵抗を受け、過酷な戦いが行われた（台湾占領戦争）。一一月一八日に「全島平定宣言」が出されるが、その後も抵抗運動は続いた。朝鮮でも日本に対する抵抗運動は続けられた。明治二七年六月五日に結成された大本営は、二九年四月一日をもってようやく解散する。

日本は日清戦争を、朝鮮を助けて、朝鮮の「独立」を妨害する清国を討伐する戦争と位置付け、新聞や知識人は〝文明と野蛮の戦争〟と喧伝した。が、真の目的は朝鮮における勢力の拡大であった。ところが、三国干渉により日本の威信は失墜し、朝鮮宮廷は勢力を伸ばしてきたロシアと結ぶようになる。そのため、日本は清国より強大なロシアと対決しなければならなくなった。一方、弱体化を露呈した清国においては、ドイツの膠州湾租借、ロシアの遼東半島租借、イギリスの揚子江沿岸地域における権益設定など、列強が分割に乗り出し、利権争いが本格化する。日清戦争は、東アジアに帝国主義を呼び込み、新たな緊張を作り出したのである。

大本営写真班の派遣

陸地測量部では、開戦に際して、従軍写真班の結成・派遣を建議したが、当初、軍首脳部には受け入れられなかった。作戦遂行を最優先する軍首脳部にとって、それに直接関わらない写真班の渡航は、歓迎されるものではなかったのである。

写真班が結成されるのは、清の大軍が待っていた平壌の会戦（明治二七年九月一五・一六日）に勝ち、黄海海戦（九月一七日）にも勝利して、遼東半島に向かう第二軍（司令官大山巌）が編成された九月二一日である。同日、「従軍写真班服務心得」が制定され、外谷鉦次郎大尉以下、小倉倹司・村山維精の両測量手、田淵・江沼という二人の雇員、器具運搬のための人夫四人の計九人に、従軍写真班として大本営付が命じられた。当時のカメラは組立暗箱であり、彼らは、四つ切（二五・四×三〇・五センチ）暗箱一つ、一六切（一二×一六・五センチ、キャビネ大）暗箱一つ、それにレンズや三脚などの付属品や薬剤を持って、第二軍とともに出発し、一〇月八日、花園口に到着する。

日清戦争期のものと同じかどうかわからないが、日露戦争期の「従軍写真班服務心得」では、「班員は主任の指揮を受け、業務に服し、整理の責に任ずるもの」とされ、撮影を行なったときはすみやかに現像して、番号を付け、説明箋を添付すること、種板（ガラス乾板・フィルム）と印影図は、別便で速やかに日本の陸地測量部へ送ることなどが定められていた。なお、説明箋には、撮影番号・撮影日時・天候・撮影地点・撮影方位角などを記載するようになっていた。

大本営写真班の写真

明治二八年（一八九五）六月に大日本写真品評会が行なった慰労会で、従軍写真班の外谷班長はさまざまな苦労を語っている（「写真班従軍事情」『東京朝日新聞』明治二八年六月五日～七日、『写真新報』第六九号、同年六月）。当初は戦地においても、写真記録に対する理解が得られなかったために、主戦部隊と行動をともにすることができなかったという。重い機材は運搬に困るだけでなく、機動的な撮影も難しかった。また、多くの戦闘が未明に行われたために、光量が乏しく、雨や風が加わると撮影にいっそうの困難を生じた。他にも多くの苦労があったようだが、金州・旅順・威海衛などにおける戦いを撮影し、写真班は二八年五月に帰国する。

その後、台湾での戦争を記録するために再び写真班が結成され、外谷班長以下四名が八

図３　「旅順ノ西方方家屯ニ於テ山砲中隊砲撃ノ光景」（大本営写真班明治27年11月21日撮影，『日清戦争写真帖』より）

◀図５　「旅順口城頭饅頭岳子ノ諸砲台及親兵左営等ノ光景」（同28日撮影，同より）

図4　「高家窰南方丘上ノ畑中ニ戦没セル敵兵」(同6日撮影，同より)

月に台湾に渡る。日清戦争期の大本営写真班は、総計一〇〇〇枚を超える写真を撮影したといわれているが、その中で一般に流通しても差し支えのないものは、雑誌や一枚ものの印刷物に掲載されたり、写真帖に編まれたりした。写真帖には、印刷写真帖も出てくるが、写真を貼りこんだものもあった。

とはいえ、大本営写真班の写真は、報道を目的としたものではなく、あくまでも戦史や兵用地誌を作成し、次の作戦に役立たせるための戦闘・戦地の記録であった。地形の写真や兵士たちの姿を見極められないぐらいに遠く離れた戦闘の写真は、専門家ならばそこからさまざまな軍事情報を読み取るのであろうが、一般人にはあまり面白いものではない。

しかし中には、砲撃の現場を撮影した有名な「旅順ノ西方方家屯(ほうかとん)ニ於テ山砲中隊砲撃ノ光景」のように、戦場を目の当たりにさせて、一般人をも引き付けたであろうと思われるような写真もある。また、旅順の港や要塞、「金州城望遠ノ景」など、対象となる広い場所を俯瞰した写真は、絵とは異なる写真独自の新しい視覚で、戦地の実景を写し出している。さらには、畑に横たわる清国兵の死体など戦場の生々しい現実をとらえた写真や、戦闘後の捕虜尋問の緊迫した様子を伝えるものもある。大本営写真班の写真は、軍事的に有用な情報をとらえた写真が主流だったと思われるが、一般に流通したものの中には、国内にいながら戦地の状況を想像できるようなものも多かった。

大本営写真班の要―小倉倹司

小倉倹司（一八六二〜一九四六）は、陸軍士官学校の教官をしていた兄の影響で、写真を始めたという。明治二〇年（一八八七）に測量局に勤め始め、二二年に陸地測量部測量手となった。陸地測量部では、写真製版・印刷にあたっていた。その一方で、アマチュア写真家の団体である大日本写真品評会の結成に携わり、後には博文館の雑誌『太陽』（明治二八年創刊）の懸賞募集写真の審査にあたるなど、民間の写真技術の向上にも力を貸した。

清国からもどった小倉は、台湾占領戦争には従軍せず、明治二八年一〇月から写真製版術研究のために、オーストリアに留学する。そこで三色版印刷術を習得して三二年に帰朝し、同年陸地測量師となる。三六年には、海軍の水路部測量科および図誌科の科員となり、海軍にも協力する。

図6　小倉倹司

日清戦争以後、陸海軍は軍備の増強に努め、各地で大演習を開催するが、その際、小倉は統監部員として大演習の撮影に従事した。大演習は、小倉ら写真班にとっても訓練の場であった。それら大演習の写真帖も、小川一真などの手により出版された。

しかし、日露戦争にいたっても、軍首脳部の写真への理解は低かった。小倉は彼らに戦場の写真記録の必要性を説いてまわり、ようやく写真班の結成にこぎつけ、日露戦争ではみずからが大本営写真班長となる。

小倉自身は、日露戦争時に奉天で撮影した「二元帥六大将」をみずからの傑作としている。後々よく利用される写真であり、小倉にとっては苦心もあって、自慢の一枚だっただろう。しかし、彼の本領はそれよりも、「大石橋ノ戦闘ニ於ケル名誉ノ戦死者」（一四六ページ掲載図27）に代表されるような、軍部の記録者として、兵士たちの戦いの場としての戦場を冷静に見据え、記録した写真にあるように思われる。この写真については、また後で述べよう。

民間の従軍写真師たち

マスメディアへの統制

軍事作戦の機密を保持するため、政府・軍部はいち早く、明治二七年（一八九四）六月の初旬から言論統制を開始する。まず、陸海軍両省からそれぞれ、各大臣の認可を経たもの以外は、軍隊・軍艦の進退と軍機・軍略に関する事項の掲載を禁止する省令が出される（六月七日・一一日）。これによってマスメディア各社は、伏字を余儀なくされ、また同省令違犯による発行停止処分を恐れなければならなくなった。

清国との本格的な武力衝突が始まると、言論の統制はいっそう厳しくなり、政府・軍部は八月一日から九月一二日まで、軍事・外交に関する記事の事前検閲を実施する。翌一三日からは、再び先の陸軍省令・海軍省令による取締りに戻るが、同時に検閲内規も開示されて、メディア各社はその枠内で記事を書くことを求められた。

大本営が広島に移るのは、平壌（へいじょう）の会戦（かいせん）の日と同じ九月一五日だが、『朝日新聞社史』明治編（朝日新聞社、一九九〇年）によると、この頃から、大本営の発表が積極的になったという。その変化は、戦局が有利に展開していることに加え、メディアへの対応の体制が固まってきたことにもよるのだろう。軍部・政府は、取締りの枠組みと材料を与えることで、メディア各社に自己検閲を課したのである。

戦地からの送稿と検閲

メディア各社は、このような取締りを受けていたが、一方で、事態が緊迫化するにしたがい、従軍を強く願い出るようになる。軍部は、明治二七年（一八九四）八月中旬に「新聞記者従軍規則」（従軍出願手続・従軍免許証交付手続・渡航ならびに帰朝手続などを規定）を、同月三〇日に「内国新聞記者従軍心得」を制定して、従軍を認めた。後者には、従軍を許可された者が遵守すべき、次のような事柄が定められていた。

一、出征軍高等司令部は一、二の将校を以て従軍新聞記者を監視せしむ故に、記者は万事此（この）将校の指示に従ふべし。

七、出征軍高等司令部に於て有害と認むるときは帰朝を命ずることあるべし。

九、新聞記者の発送せんとする信書は、必ず監視将校の指示する時刻に於て之を該将校に呈し、査閲を受くべし。

従軍写真師や従軍画家も、従軍記者に準じるとされ、このときまでに朝鮮に渡っていた記者たちも、軍部に隷属することになった。また、外国人武官および外国人新聞記者にもそれぞれ従軍心得が制定され、それを遵守することが求められた。

従軍記者たちは、行動の自由を規制され、記事を検閲されたが、彼らが発送した記事は、国内でさらに大本営の検閲を受けたという。また、送稿においても、苦労があった。朝鮮から日本に電報を打つことは可能だったが、朝鮮民衆が抵抗運動として電線切断を行なったため、電信はしばしば不通となった。そのため彼らの記事は、長崎あるいは下関まで船便で郵送され、そこから国内電信を利用することが多かったようで、到着に約一週間かかった。写真や絵画は、各新聞社まで郵便で送るしか方法がなかったので、さらに時間がかかった。後述の『時事新報』の戦況画報隊の記事からすると、画報隊の浅井忠が描いたスケッチが新聞に掲載されるまでに、二～三週間かかっている。

参謀本部が編纂した『明治二十七八年日清戦史』第八巻（ゆまに書房、一九九八年）には、明治二七年七月から二八年一一月の間に、記者一一四人・画工一一人・写真師四人が従軍したと記載されている。しかし、従軍した写真師は四人ではなく、もう少し多い。必ずしも全貌がわかっているわけではないが、本節では、その中から何人かを取り上げ、その足跡を追っていきたい。

伯爵写真師—亀井茲明

公卿の家に生まれた亀井茲明（一八六一～九六）は、旧津和野藩主亀井茲監の養子となって、家督を継いだ。明治一九年（一八八六）から二四年まで美学の研究のためにドイツに留学し、そのときに写真も習得した。日清戦争が勃発すると、亀井はみずから大本営宛に「戦地視察願」を提出し、助手や従者・人夫など総勢二〇名ほどを引き連れて、自費で従軍した。彼は、大本営写真班と同様に、第二軍について戦地に渡り、途中カメラの修理のためにいったん帰国するが、明治二八年三月末に再び渡航し、五月二八日に東京へ帰る。元来病弱であった亀井は、帰国後体調を崩し、翌二九年七月、三六歳の若さで亡くなる。

亀井は六〇〇枚あまりの写真を撮影したが、そのうちの一三三枚を貼り付けた『明治二十七八年戦役写真帖』を皇室に献上している。さらに彼の死後、明治三〇年には、三〇〇枚ほどの写真が収められた同名のコロタイプ印刷版の写真帖が、遺族によって刊行される。これは私家本であり、市販はされなかったが、現在は亀井の日記『従軍日乗』を復刻した『日清戦争従軍写真帖—伯爵亀井茲明の日記—』（柏書房、一九九二年）の中に、約二〇〇点の写真が収録されている。

亀井は大本営写真班と並んで有名であり、同書の各解説など研究は多い。その中で、最もよく言及されるのは、「敵屍ヲ旅順口北方郊野ニ埋瘞スルノ状況」と「吉田歩兵少尉其部下ヲ率ヰテ金州城西隅ノ墻壁ヲ攀ツ」である。前者は、奥行きを深く取った遠近法的な構図の中に、旅順虐殺事件で殺害された人々を埋葬しているところを撮影したものであるが、何人かの死者たちの表情がうかがえるような、繊細さのある写真である。旅順虐殺事件は、明治二七年一一月二一日の旅順攻撃・占領の後、二五日頃まで行われた市街および付近の掃討作戦において、武器を手にしていない清国兵や一般市民を虐殺した事件である。事件とその報道については、井上晴樹『旅順虐殺事件』（筑摩書房、一九九五年）に詳しい。

図7　亀井茲明

後者は、金州城の攻撃の模様を後日再現してもらって、写真に収めたものである。亀井は金州城攻撃を目撃しながら、カメラが到着しなかったため、撮影ができなかった。画面いっぱいに壁を取り、それを十数名の兵士たちがよじ登っていく姿は、カメラが到着していても、戦闘中に撮影することは不可能だったと思われる。しかし、その場面は亀井にと

図８　「敵屍ヲ旅順口北方郊野ニ埋瘞スルノ状況」（亀井茲明
明治27年11月24日撮影，『日清戦争従軍写真帖』より）

っては、戦争の記録として撮影しておきたい場面だったのだろう。後からの再現ではあるが、この写真は事実を踏まえたものであり、記録に準じた亀井の表現といえるだろう。

亀井茲明の記録性と表現性

亀井の写真の特徴は、現実あるいは現実に準じたものを記録していながら、彼の美意識が表現されているところにあろう。写真は、レンズに写るあらゆるものをひとしなみに写し出す。当時の写真は白黒写真であるが、白黒写真の表現とは、レンズがとらえたものの白黒の濃淡の中にテーマを浮かび上がらせることにある。旅順の埋葬の写真は、悲惨な光景の記録であるが、写真の表現性を生かした美的な写真でもある。また、金州城の写真も、戦闘の最中ではないからこそできたのであろうが、バランスの取れた芸術的な写真である。これらの写真は、記録性を大事にしながらも、写真の美＝表現性・芸術性を追求する亀井ならではの写真であるといえよう。

亀井の従軍の動機は、国家の偉業にみずからの才を生かして参加するためであり、亀井は、戦場での写真撮影の意義を「歴史の参考、国家無窮の記念物と為す」ことと述べていた（前掲『日清戦争従軍写真帖』）。亀井に、「自らの美意識とナショナリズムを直結しやすい性向」（飯沢耕太郎「写真家としての亀井茲明」前掲『日清戦争従軍写真帖』所収）を見ることもできるだろう。しかし、亀井の写真には、そこで生活している清国人たちをとらえたものも多く、戦火を避けて逃げる避難民を写したものもある。それらの写真にもやはり美

図9　「北清土人風俗・土人俗謠ノ状態」(亀井茲明撮影,
『日清戦争従軍写真帖』より)

しさがあるが、そこにはナショナリズムを超えた記録への亀井の強い思い、敵国人としてではなく戦時下を生きる人間を写し出そうとする亀井の意思が感じられる。

知られざる写真師―樋口宰蔵

現在、私たちが目にする日清戦争期の写真のうち、大本営写真班が派遣される以前の作戦および第一軍（明治二七年九月一日編成、司令官山県有朋）の作戦に関する写真の撮影者は、樋口宰蔵という。しばしば小川一真や陸地測量部の撮影と誤解されているが、『日清戦争写真帖』（明治二八年、国立国会図書館所蔵、請求番号４０３―９７、第二・三冊）に収められている写真には、撮影者樋口宰蔵・版権所有者小川一真と明記されている。しかし、小川が制作した数種類の日清戦争関係の写真帖の中には、樋口の名前が明記されていないものもあり、そのために、版権所有者の小川が撮影者と誤解されたようだ。当時、写真の版権（著作権）は、「写真版権条例」によって、見本二枚および写真六枚分の定価を添えて登録を願い出たものに認められることになっており、撮影者と版権所有者は同一人物とは限らない。

明治二七年（一八九四）八月二八日の『東京朝日新聞』の付録「明治廿七年八月五日我兵京城凱旋之図」は、牙山・成歓の戦い（七月二九・三〇日）の勝利を祝う式典に参列する日本軍の様子を撮影した三枚続きの写真であるが、これも先の写真帖の中にある写真である。撮影者の名前がないので、『朝日新聞社史』明治編では、後に述べる浅井魁一のものではないかと推察しているが、そうではない。浅井は小川一真の門弟で、洋画家浅井忠の従兄弟である。忠と魁一は、『時事新報』の戦況画報隊としてともに従軍するが、忠はその際の従軍日記に、樋口を「魁一別懇の写真師」（浅井忠『明治廿七年従征画稿　浅井忠日清戦争従軍日記』千葉県立美術館、一九八七年）と書いており、魁一が仲介をしていたのではないかと思われる。

樋口宰蔵の足跡

樋口の写真を「戦地写真」と銘打って最初に売り出したのは、報行社という出版社である。これは台紙に八つ切大（一三・五×二一センチ）のオリジナル印画を貼り付けたものと思われる。「戦地写真」をつないで折本にしたと推測される『日清戦争写真帖』（明治二七年、国立国会図書館所蔵、請求番号４０３―９６）の各写真には、明治二七年（一八九四）一一月版権所有竹内拙三と記されている。竹内は報行社の社主である。一一月一日の『東京朝日新聞』に、同日発行のこの「戦地写真」の広告が掲載されているのだが、それによると、これらの写真を持ち帰ったのは、仁川領事の能勢辰五郎であるという。能勢は一〇月に帰国しているので、そのときに持ち帰った写真の版権を竹内が願い出たのであろう。その後、明治二八年八月にその版権を小川一真が譲り受けている。

では、樋口宰蔵とは、どんな写真師だったのだろうか。

実は樋口については、現在のところ、全く不明なのである。ただ、明治二八年七月一二日の『東京朝日新聞』に、次のような記事がある。

> 韓清戦場の写真　朝鮮仁川の写真師樋口宰蔵氏は、昨年日清事件の始まりしより本年四月に至る迄、各地の戦場を巡歴し、幾多の辛酸を嘗めたる上、仁川、京城、龍山、牙山、平壌、義州、鴨緑江、九連城、大孤山、秀巌、柝木城、海城、紅瓦塞、牛荘、営口、旅順口、大連湾等の実景を写撮したるが、其数八十余種の多きに及べり。大本営その他各師団にては、該写真を復写（ママ）の上夫々保存する筈の由（後略）

樋口は、六月一三日の混成旅団の仁川上陸から撮り始め、本格的な戦闘が始まった牙山・平壌から営口にいたる第一軍の各作戦地についてまわり、最後には第二軍（司令官大山巌）が戦った旅順・大連にいたっている。樋口の写真は、戦争初期のものしか確認できないが、その場の地形や状況をとらえた説明性の高い写真であり、軍用写真の心得があったことがうかがえる。その一方で、「平壌捕虜集合」のように、不安な表情を浮かべたり、顔をそむけたりする清国兵捕虜と銃剣を構えてポーズを取る日本兵たちをとらえ、支配するものとされるもののそれぞれの心持ちを写し出しながら、その差異を印象付けるような巧みな写真も撮っている。

写真の数はここでは八〇余種とされており、大本営写真班と比べると格段に少ないが、

図10 「混成旅団上陸之図 其二」（樋口宰蔵撮影,『日清戦争写真帖』より）

◀図12 「平壌捕虜集合」
（同撮影, 同より）

図11　「九連城」（同撮影，同より）

それでもこれだけの行動ができたことや大本営および各師団が保存するということ、写真の質などから考えると、樋口は軍の関係者ではなかったかと思われる。

管見の限り、樋口の名前は、日清戦争後には全く見当たらない。このように樋口は謎の写真師なのだが、日清戦争において、大本営写真班や亀井茲明よりも多くの戦場をめぐり、彼らに負けるとも劣らない重要な写真を撮っていたことは確かなのである。

小川一真と戦争

小川一真は、日清戦争に際しては、樋口および大本営写真班の撮影した戦地の写真を製版・印刷して、一枚ものの『日清戦争写真図』や、それに石版画なども加えて合本した『日清戦争写真石版』、あるいは大冊の印刷写真帖『日清戦争写真帖』などを制作した。日露戦争期には、陸海両軍の『日露戦役写真帖』『日露戦役海軍写真帖』の製版・印刷・出版を請け負っていたばかりでなく、門弟を大本営写真班に参加させてもいる。また、両戦争の間の陸軍大演習の写真帖の中にも、小川が制作したものがある。

小川と軍部の関係は、明治一八年（一八八五）に小川が参謀本部測量局の講師となったことから始まるが、日露戦争後に小川が勲功調査のために陸軍に提出した履歴書は、一四枚にも及ぶ。二〇年にわたり、両者は関係を深めていったわけだが、そこには、小川の履歴書や回顧談には書かれていない、いわば裏のつながりもあった。

陸軍の軍人で諜報活動にあたっていた石光真清（いしみつまきよ）は、ハルビンで写真館を開業し、そこを活動の拠点および隠れ蓑としていた。その頃の彼の活動については、彼の手記（『曠野（こうや）の花』中公文庫、一九七八年）に詳しいが、その写真館の技師は、小川写真館から派遣された小川の門弟であった。軍部では、明治一八年頃から戦争に備え、清国・ロシア・朝鮮の情報の収集に力を注いでおり、写真館がその拠点になった例は他にもある。写真館が単に隠れ蓑になったばかりでなく、写真そのものが地図や兵用地誌編纂の資料になる。小川写真館では京城にも支店を持っていたが、その写真館もそのような役割を担っていたのではないかと思われる。この支店について、小川は全く触れておらず、小川関係の資料にも出てこないが、次に述べる浅井魁一が主任を務めており、存在したことは確かだ。

小川は、博文館など民間の雑誌の口絵写真の製版・印刷にも携わった。博文館に網目銅版印刷の口絵写真を入れた雑誌の刊行を勧めたのは、小川自身であったという。博文館がこの提案を受けて創刊したのが、『日清戦争実記』（明治二七年八月三〇日創刊）である。

小川自身が日清戦争に従軍したように書かれているものもあるが、履歴書にも回顧談にも〝従軍した〟とは書いていない。製版・印刷の仕事で多忙であったろうし、小川自身が従軍したとは考えにくい。とはいえ、小川が明治の戦争あるいは軍部と深い関係を持ち、写真と戦争を結び付けた最も重要な人物の一人であったことは間違いない。

忘れられた写真師―浅井魁一

浅井魁一（一八六六〜？）は、日清戦争では朝鮮・清国の戦場を撮影した後に台湾にも渡り、日露戦争にも従軍したという稀有な写真師である。しかし、浅井については、従兄弟の画家浅井忠に絵の題材となる写真を提供したという程度にしか関心が払われておらず、管見の限り、浅井について書かれたものは、前川公秀「もうひとりの浅井」（『佐倉市史研究』一六号、二〇〇三年）のみである。

同論文には、明治四四年（一九一一）に浅井が書いた履歴書の下書きが紹介されているが、浅井の履歴書にはもう一通、浅井が日露戦争期に大本営写真班の雇員となるときに提出したものがある。この二通の履歴書を照らし合わせ、他の資料も参照すると、浅井の経歴は以下のようになる。

浅井は、明治一九年に東京外国語学校朝鮮語科を卒業した後、小川一真の下で写真術を習得する。二三年四月から二六年五月まで、小川写真館京城支店の主任を務め、帰国後はみずから写真館を開業していた。二七年九月に従兄弟の忠とともに『時事新報』の戦況画報隊の一員として日清戦争に従軍し、平壌から安東へ進み、その後、第二軍について、旅順・威海衛に赴く。一二月にいったん帰国した後、二八年四月台湾に渡る。台湾での戦闘が終結した後、二九年一月からは台北で写真館を営む。三五年に帰国したものと思われるが、帰国後は再び小川写真製版工場に勤めていた。そして、三七年九月に大本営写真班の一員として再び旅順に渡り、三九年一月に帰朝する。

小川写真館京城支店の主任になったのは、朝鮮語ができたからであろうが、前述のように、この京城支店については、小川関係の資料にはいっさい出てこない。占領戦争下での台湾で何をしていたのかも、現在のところわかっていない。平壌から安東へ向かう途中、樋口も画報隊に同行することがあったようだが、樋口同様、浅井の日清戦争前後の活動については、『時事新報』での活動以外は不明な点が多い。

『時事新報』（明治二七年九月一三日）によると、戦況画報隊は画報担当浅井忠・安西直蔵、写真担当浅井魁一の三名で、「浅井魁一氏は写真の技に長ぜるを以つて一行協力して戦地の景状を写し出」すと紹介されている。『時事新報』には、九月二六日から一二月六日まで、画報隊の届けた戦況の木版画が四〇点ほど掲載されている。そこには、魁一が写真を撮り、忠が絵にしたものが多く含まれていると考えられるが、戦況だけでなく、避難民や兵士たちの生活の様子も描かれている。前川は、『風俗画報』にも『時事新報』と同じ情景を描いたものがあり、その共通のソースとして魁一の写真があったのではないかと指摘している。『風俗画報』では、写真も参考資料としており、樋口の写真を翻案したと推測されるものもあるので、その可能性は高いと思われる。

浅井魁一と旅順虐殺事件

浅井魁一の写真がどれだけ絵画に翻案されたのかについても不明なのだが、ただ、魁一の写真をもとにしたと明記している絵もある。『日清戦闘画報』第六篇（明治二九年一月二九日）に収められている「我軍旅順市街ニ入ル」の中には、「浅井魁一氏撮影印画によ里て作之」という添え書きがある。『日清戦闘画報』は、『国民新聞』から派遣されていた久保田米僊・米斎・金仙親子の報道画を集めたものである。

この絵には、久保田親子独特の誇張と省略がほどこされているが、新聞『日本』に中村不折が描いた「旅順市街の伏屍」（明治二七年一二月八日）と同じ情景を描いたものと思われる。この日の『日本』には、「明治美術会派出員浅井魁一君写真中村生画」と付記された絵が、この絵も含めて全部で五点掲載されており、もう一点「旅順市街伏屍の図」がある。これらの絵にはともに、道に折り重なるように倒れている清国人たちが描かれている。『時事新報』戦況画報隊の最後の絵となる「戦争後旅順の惨状」（明治二七年一二月六日）と石版画「戦争後の旅順市街の真景　明治二七年一一月二一日」（『日清戦争写真図』上巻、博文堂、明治二八年）に描かれた情景は、先の久保田・中村の描いたものとは少し異なるところがある。したがって、もとの写真は異なると思われるが、これらも魁一の写真をもとに忠が描いたものと考えられている。

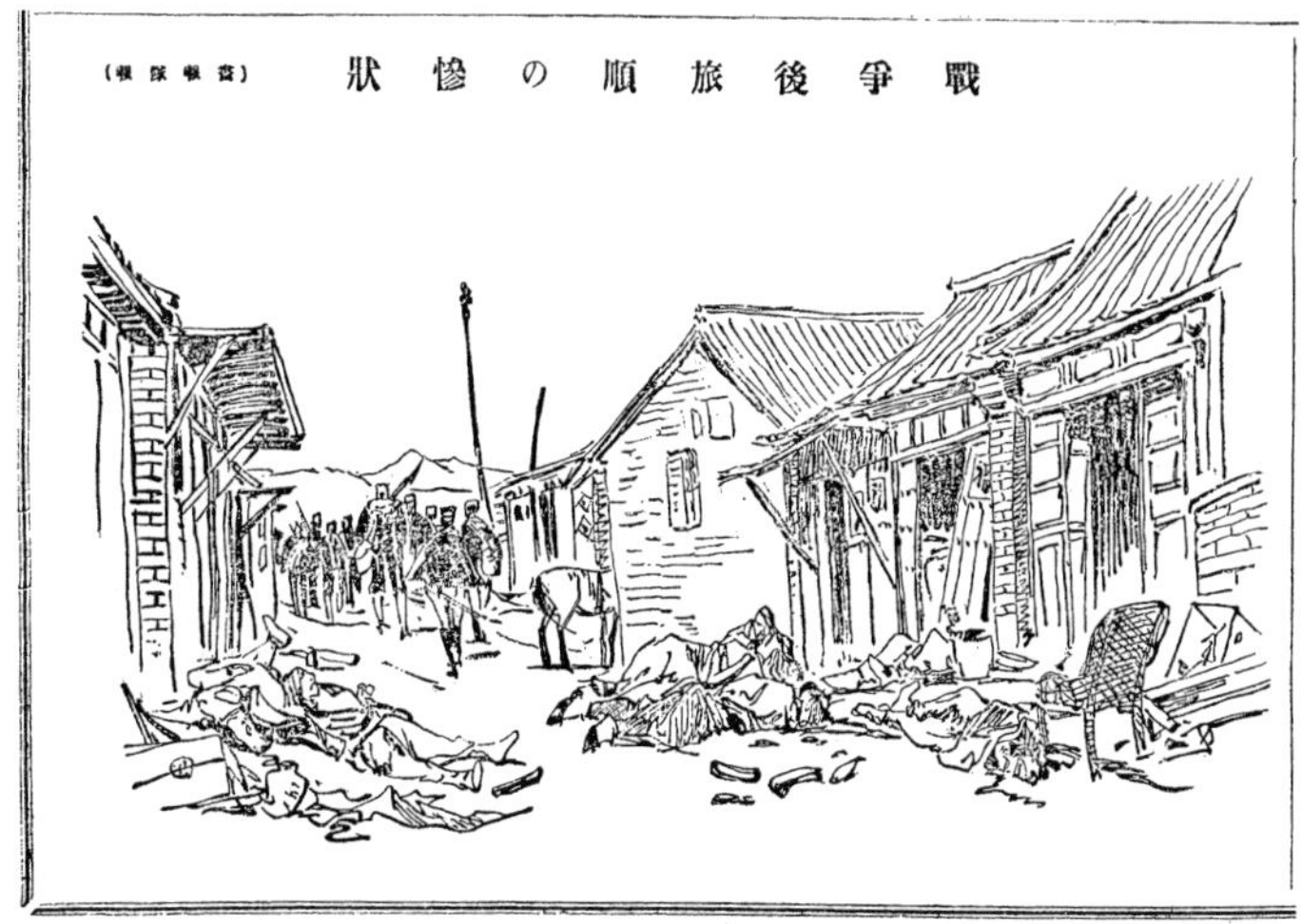

図13　「戦争後旅順の惨状」（『時事新報』明治27年12月6日より）

封印された虐殺事件の写真

浅井魁一が撮影した写真は、旅順のものも写真集『戦地実況写真』（明治二七年）も見つかっていない。だが、魁一が旅順虐殺事件の写真を撮影していたことは、その写真が見つからないことも含めて重要であろう。石版画の日付からすれば、それは旅順が陥落（かんらく）し、事件が発生した初日の情景であり、道に一般市民と思われる人々の死体や家財道具のようなものが散乱している。管見の限り、大本営写真班が撮影し、一般に流通した旅順の写真の中には、旅順虐殺事件に関係する写真はない。

魁一には明治二八年（一八九五）一月九日に、第二軍から帰朝（魁一はすでに帰国していたので再渡航禁止）命令が出されている。先の「内国新聞記者従軍心得」第七項の「有害」と認めるときに該当したのであろう。旅順虐殺事件は、外国人従軍記者の報道から海外で問題にされたのだが、陸軍では一月八日に、第二軍の外国人従軍記者に対する制限について話し合っている。魁一の再渡航禁止もやはり旅順の問題と関係があるのではないかと思われる。

旅順虐殺事件については、国内の新聞でも事件発生直後から、従軍記者たちがその惨状を報告し、木版画や石版画は流通していた。しかし、絵のもとになった写真そのものは表に出ることを許されず、写真師は処罰された。写真は、三次元の空間を二次元の平面にし、流れる時間の中の一瞬を写し撮るものであるから、現実そのものではないといわれる。しかし、カメラの目は人間の目を超えて、現実を細部まで忠実に写し撮る。現実の「再現」だからこそ、撮影者が記録に徹するとき、写真は出来事の本質を写し出し、権力の横暴を暴く。浅井の写真は、虐殺の悲惨な現場を生々しく写し撮り、〝義戦〟が欺瞞であることを暴露する写真だったからこそ、抹殺されてしまったのではないだろうか。

遠藤三兄弟・鈴木経勲とその他の写真師

遠藤三兄弟と鈴木経勲については、「日清戦争報道とグラフィック・メディア―従軍した記者・画工・写真師を中心に―」（『メディア史研究』二一号、二〇〇六年）など大谷正の一連の研究に詳しいが、彼らについても紹介しておきたい。

遠藤陸郎・寛哉・誠の三兄弟は、仙台の写真師である。陸郎は、明治一一年（一八七八）に写真館を開業し、役所や商工界を得意先とする一方で、磐梯山噴火の撮影に出かけたり、宮内省の片岡利和侍従の千島列島探検に記録係として同行するなど、さまざまな事物の写真撮影に挑んでいた。また、早くから乾板を採用するなど新しい技術の取入れにも熱心で、誠をアメリカに留学させてもいる。

日清戦争の際には、兄弟三人は門弟二人を連れて、郷土部隊の第二師団に従軍し、その出征から凱旋までを撮影した。それらの写真は、遠藤陸郎編『戦勝国一大記念帖』（遠藤写真館、明治二八年）と遠藤誠編『征台軍凱旋記念帖』（裳華房、明治二九年）の二冊に収められている。『東北新聞』では、従軍中の彼らの消息を伝え、ときには彼らの手紙を掲載したという。また大谷は、『東北新聞』紙上の木版画について、彼らの写真の提供があったのではないかと推察しているが、当時の情勢から見てその可能性は高いだろう。

一方、鈴木経勲は、名古屋の『扶桑新聞』の従軍記者である。鈴木は、大日本写真品評会の名古屋支会の会員でもあり、写真の心得のある人だったが、記事を書きながら、写真を撮影し、スケッチも描いたという。彼は、日清戦争に前後四回従軍しているが、その第二回目の従軍（二七年八月二二日～一〇月一一日）の際に撮影した写真六〇枚が、『日清戦争実況写真』（大日本写真品評会名古屋支会仮事務所、明治二七年）という写真集（写真貼込の折本）に収められている。写真自体は小さなもの（約六×九センチ）だが、行軍や揚陸の様子、戦闘直後の日清両軍の兵士の死体の写真などに加えて、「釜山ニテ朝鮮役夫ヲ募ル図」など後方の写真も残されている。『扶桑新聞』には、鈴木の写真をもとにした木版画が掲載された。

『扶桑新聞』では、鈴木のカメラを「速写撮影器」と記しているが、彼が使っていたのは、知人から借りたコダックカメラだったらしい。コダックカメラについては次章で述べるが、「早取写真器」ともいわれ、日清戦争期に輸入が始まった。鈴木は帰国後、これらの写真から幻灯（スライド）を作り、それを持って講演にもまわったという。当時、幻灯もまた、戦争を伝える視覚メディアとしてよく利用されており、東京の写真師中島待乳や吉沢商店なども幻灯を作っていた。

両者はそれぞれの個性と能力に支えられた特異なケースであり、彼らの写真を目にした人はそれほど多くはないだろう。しかし、両者の例は、東京・大阪だけでなく、地方都市においても、戦争を写真で伝える担い手があり、写真が戦争を伝えるものとして機能し始めていたことを示していよう。

他にも、『めさまし新聞』（第二次）に写真を提供していた村上幸次郎や、『二六新報』から派遣された江原熊太郎という写真師などがいる。また、海軍の写真を撮った写真師もある。その数ははっきりしないが、『明治二十七八年日清戦史』には数えられていない写真師たちも日清戦争に従軍していたのであり、彼らはさまざまな形で戦争に関わり、戦争を記録し、伝えていたのである。

日清戦争下の視覚メディア

戦争を伝える視覚メディア

前章で述べたように、新聞界では〝中新聞（ちゅうしんぶん）化〟が進み、視覚性が重要な要素となった。日清戦争期においては、写真も雑誌の口絵や新聞の付録に掲載されるようになるが、写真の製版・印刷の技術はまだ発展の途上にあり、新聞・雑誌の視覚性を支えたのは、木版画や石版（せきばん）画であった。単品の錦絵（にしきえ）や石版額絵も大量に作られ、人々はそれらの絵画から、戦争の具体的なイメージを膨らませていったものと思われる。写真は、ようやくその一角に登場したにすぎない。とはいえ、絵画とは異なる写真の視覚の新鮮さ、写真独自のリアリティーが、人々の関心を引き始めてもいた。本節では、これら日清戦争期の視覚メディアについて考えていきたい。

錦絵も石版画も、画家の多くは国内にいたまま、新聞報道などをもとに絵を描き、速報性を競っていた。人々は新しい絵を求め、絵草紙屋は大変にぎわったという。その中でも特に錦絵が活況を呈した。明治一〇年代半ばから、石版画が普及し、錦絵は凋落し始めていたが、日清戦争が始まると錦絵は息を吹き返し、最後の花を咲かせる。

錦絵の復活と石版画の低迷

錦絵の多くは、絵の主人公となる人物を中心に、出来事のクライマックスを華やかに描いた。三枚続きの大画面には、文明対野蛮のイデオロギーが、強い日本兵と弱い清国兵に変換されて、視覚化されている。錦絵でも写真を参考にすることはあったようだが、画一的な人物と見得を切るポーズ、簡略化した背景は、錦絵伝統の様式化された表現で、およそ写実的ではない。写実に縛られない錦絵だからこそ、自由にスペクタクルな世界を描き、主観を盛り込むことができたのである。人々は、新聞報道などで知った戦闘や武勇伝をわかりやすく視覚化した錦絵によって、そのイメージを増幅させ、定着させていったものと思われる。

一方、石版画については、「戦争画（の）行はれ初めしより稍々盛に刷出するに至れり（中略）戦争画の実に近きは無論石版の方なれど、概して趣味に乏しきため錦絵に消おさ（ママ）るるおもむきあり」（「絵草紙店の近況」『早稲田文学』七六号、明治二七年）というような評があり、大量に生産される一方で、内容的には低迷していた様子がうかがえる。『風俗画報』でも臨時増刊として、『日清戦争図絵』全四編・『征清図絵』全六編（明治二七年九月〜二八年七月）および『台湾征討図絵』全五編（明治二八年八月〜二九年二月）を刊行したが、山本駿次朗によると、同誌の画家たちにおいても、当初はあまりうまく描けなかったという（『報道画家山本松谷の生涯』青蛙房、一九九一年）。

石版画は前述のように、明治に入って実用化されたものであり、日本の石版画家にとっては、日清戦争はほぼ初めて描く戦争だった。戦争の実情を見ることもなく、伝統もない中で、彼らが描いたものの多くは、錦絵をなぞったようなものであった。「平壌ノ役王師奮戦連ニ敵塁ヲ抜ク図」（『日清戦争図絵』第三編、明治二七年一一月二五日、山本松谷画）のように、錦絵より情景を細かく描きこみ、立体的な表現手法を生かして群像表現に迫力を持たせた戦闘画もあるが、人物の描き方はおおむね画一的であり、日本軍の一方的な勝利が派手に描かれている。また、錦絵のように主人公をたてて、個人の美談を描いたものもあるが、錦絵ほどその主人公を焦点化できていないため、物語自身もわかりにくく、感情に訴える力も弱いように思われる。

『風俗画報』と写真

前述の前川公秀の指摘のように、『風俗画報』には写真を翻案したと思われる絵がある。『日清戦争図絵』第四編（明治二七年一二月二〇日）には、『時事新報』（明治二七年一一月二七日）に掲載された浅井忠の「金州南門外の図」と同じ場面と思われる石版画や、樋口宰蔵撮影の「平壌野戦病院ニ於テ捕虜手術之図」をもとにしたと思われるものがある。後者は、「第二軍野戦病院に於て負傷清兵を治療する図」（蓬斎洗圭画）というタイトルなのだが、この写真は一一月に売り出された「戦地写真」の中に入っていた。『日清戦争図絵』では、この絵を「旅順口占領」の部に入れ、時間的に近く、話題の場所でもあった旅順の模様であるかのように装っているが、写真はおそらく九月に平壌で撮影されたものである。

『日清戦争図絵』および『征清図絵』は、月一回の刊行だったので、想像画も必ずしも速報的ではなかった。それぞれの戦闘からたいてい一〜一ヵ月半ほどかかっており、写真をもとにしたものでもたいして変わらない。ただ、写真をもとにしたものでは、後者のようにタイムラグとはまた別の問題を含んでいた。タイトルやキャプションによって、写真の場所や時を偽るという問題は、現在にも通じる。

写真をもとにした石版画は、写実的で、図像の華々しさに乏しい。しかも、写真そのものが流通した後では、その写実性の意味は薄れる。日清戦争期の『風俗画報』あるいは石版画は、その特徴である写実性や速報性を必ずしも生かせず、錦絵のスペクタクルと写真のリアリティーにはさまれて、低迷したといえるだろう。しかし、日清戦争を通じて、石

図14 「第二軍野戦病院に於て負傷清兵を治療する図」
（蓬斎洗圭画，『日清戦争図絵』第４編より）

図15 「平壌野戦病院ニ於テ捕虜手術之図」
（樋口宰蔵撮影，『日清戦争写真帖』より）

版画家たちは石版画に見合う戦争画を模索し、その経験を次の日露戦争に生かすことになる。

タブロイド版写真の迫真性

日清戦争期の写真印刷物については、雑誌の口絵写真がよく知られている。しかし、写真にも、一枚ものの印刷物があった。当初は新聞の付録として登場したようで、前述の『東京朝日新聞』の他、『時事新報』（明治二七年七月一八日）にも「京城なる帝国公使館」「仁川公園の帝国軍隊野営」「九峴山麓の帝国軍隊野営」の三点を一枚に収めた、小川一真の網目銅版印刷による写真付録があった。『時事新報』では、後にこの付録を一枚三銭で別に販売している。

小川一真の実兄原田庄左衛門が営む出版社の博文堂では、明治二七年（一八九四）の一〇月末から、『日清戦争写真図』を販売し始める。発行は不定期だったが、A３判大の厚めのコート紙に写真一、二枚を印刷していた。印刷は当然小川であり、当初は網目銅版印刷、一枚三銭五厘で売り出したが、一一月にはコロタイプ印刷に変えており、こちらは一枚七銭だった。また、星野錫の東京製紙分社でも、樋口宰蔵および大本営写真班の写真からコロタイプ（アートタイプ）の印刷物を制作していた。

『日清戦争実記』が、戦地の写真を本格的に掲載し始めるのは、明治二七年一二月二七日発行の第一三編からであり、『日清戦争写真図』は、それより二ヵ月ほど早くから売り

図16 「黄海の役西京丸より撮影したる海戦の実景(其三)」
(『日清戦争写真図』第5より)

出されていたことになる。また、後述のように、雑誌口絵には肖像写真をはじめ、戦地以外の写真も多かったが、タブロイド版のものは、若干の絵を含むものの、題材はすべて戦地のものである。

博文堂が最初に売り出したのは、九月の黄海海戦（こうかいかいせん）のもので、撮影者は不明だが、海を進んでいく艦隊や沈没する敵艦、乗船していた艦が受けた弾痕の写真などが掲載されている。一二月からは陸軍のものが多くなっていくが、時系列的に発売されたわけではなく、必ずしも速報的とはいえない。しかし、「我軍占領後の大連（だいれん）湾和尚島（おしょうとう）西砲台真景、同内部の真景」は、大連占領（明治二七年一一月七日）の一ヵ月後の一二月八日に発売されており、『日清戦争実記』の「和尚島の砲台」（第一九編、明治二八年二月二七日、八〇ページ掲載図18）にくらべるとかなり早い。陸戦の写真は、やはり樋口および大本営写真班撮影のもので、戦地を広く俯瞰（ふかん）したものや被害を受けた民家、捕虜となったり戦闘で斃（たお）れた清国兵たちの写真などが売り出された。

写真師たちは、戦闘を現場で見てはいるが、近付くことには限界があり、戦闘中の写真撮影は何より危険である。したがって、写真師が撮影できるものは、基本的に戦闘の前後である。しかし、戦場を広くとらえた写真も、戦闘後の戦場や戦艦の写真も、受け手の目の前に戦場を「再現」する。まして、大きく鮮明な写真であれば、よりいっそうの迫力をもって、見るものを戦場に近付け、臨場感を高める。写真は、華々しい戦闘を写すこともできないし、誰かを主人公にして物語を描くこともできない。しかし、絵には描かれない現実の戦場の姿をもって、戦争が絵物語ではなく現実のものであり、個々の現場で現実に進行していることを実感させたということは、いえるのではないだろうか。

口絵写真入雑誌の登場

日清戦争期の雑誌といえば、一番に挙げられるのが博文館の『日清戦争実記』（明治二七年八月三〇日～二九年一月七日、全五〇編、本節では以下『実記』と略す）である。この雑誌については次に述べるが、『実記』が空前絶後の売り上げをあげた要因の第一としては、従来、網目銅版印刷の口絵写真の新鮮さが挙げられてきた。しかし、網目銅版印刷の口絵を掲載した雑誌としては、誌名に〝写真〟という言葉まで入れた春陽堂（しゅんようどう）の『戦国写真画報』（明治二七年一〇月二三日～二八年三月二五日、全一一編）もあった。そこで、まずこちらの『戦国写真画報』の方から紹介していきたい。

春陽堂では、明治二七年（一八九四）八月に『日清交戦録』を創刊しており、『戦国写真画報』は、『日清交戦録』の姉妹誌として発行された。月二回刊、菊判（きくばん）（A5判相当）、定価は一二銭であった。『日清交戦録』にも、毎号二枚の口絵写真が掲載されていたが、『戦国写真画報』は、「物の真を観んとせば写真に依るに若く（し）はなし」（第三巻、二七年一一月二九日）といい、戦闘の景況に限らず、世の人々が知りたいと思う「実物」を写真をもって示す、と写真を前面に押し出した雑誌であった。

写真入博物誌『戦国写真画報』

『戦国写真画報』第一巻（明治二七年一〇月二三日）では、「大日本帝国軍艦松島（まつしま）及ひ橋立（はしだて）」「朝鮮王宮」「野営」「芝罘（チーフー）」などが取り上げられ、写真口絵一四ページ二八点に二八ページの解説が付いている。一・二巻（明治二七年一一月一六日）は巻頭に口絵写真が集められていたが、第三巻から写真の近くに解説文が付けられるようになり、巻末に「時事」が付される。総ページ数は次第に増加し、第一〇巻（二八年三月一〇日）では七〇ページとなっている。

写真ページには一～五点の写真が掲載されているが、小川あるいは堀健吉（ほりけんきち）の猶興社（ゆうこうしゃ）の製版で、印刷も美しい。中には、折込二ページ大の写真もあった。解説文には長短あり、戦記的・実録的なものや新聞記事からの転載もあるが、ほとんどが概説的なものであって、物語的ではない。

また、紹介されている事物の中には、戦争に無関係ではないとしても、直結しないものもある。第一〇巻巻末の索引目録は、全一〇巻の項目を、「日本之部」「朝鮮之部」「支那之部」に分けて集計したものだが、日本の軍事・軍艦に関係する記事は三六項目、「朝鮮之部」「支那之部」の中の日本の軍事に関係する項目を入れても五〇に満たない。また肖像写真は、日本人が個人・団体合わせて三六枚であり、朝鮮七枚・清国七枚である。それに対して、清国の景色は六二項目あり、朝鮮の風俗も三四項目ある。中には、「大阪砲兵工廠製造榴弾砲」（第二巻）や「韓王通輦（つうれん）」（第三巻）など、珍しい題材で、動きのある写真もある。しかし、戦争関係の写真の前後に、朝鮮の風俗や清国の風景が多数出てくる構成は、戦争報道にそぐわない。

『戦国写真画報』は、事物を忠実に写すという写真の特性を生かし、さまざまな事物を紹介する啓蒙的な雑誌であった。けれども、博物誌的な幅の広さや客観性は、戦勝に沸く人々の期待や気分に見合うものではなく、網目銅版印刷の新しさも、それを埋め合わせて支持を取り付けるにはいたらなかったものと思われる。

『日清戦争実記』の人気

『日清戦争実記』は、菊判で定価八銭、毎月三回刊行された。明治二七年（一八九四）八月に出された創刊号では口絵三ページ、読物一〇四ページだったが、その後口絵は四～五ページとなり、読物ページも二回の改良で増やされた。本文記事としては、創刊時には「本紀」「史伝」「文苑」「内外彙報（いほう）」があったが、第一一編（二七年一一月七日）以降は、「本紀」が「戦争実記」になり、「史伝」「文苑」「彙報」の他に、「軍人逸話」「軍人叢談」「海外評論」などが加えられた。明治二七年の『内務省統計報告』（復刻版第一〇巻、日本図書センター、一九八九年）によれば、

『実記』の発行部数の年間総計は約一三〇万部、『風俗画報』が約一三万五〇〇〇部、『戦国写真画報』が一万五七九六部である。『実記』の発行部数を一冊平均にすると、約九万九〇〇〇部になるが、これは水増しで、実際には六万五〇〇〇部前後であったという。とはいえ、『風俗画報』『戦国写真画報』をはるかに上回っていたのである。

前述のように、網目銅版印刷の口絵写真が、『実記』の人気を支えていたのは確かであろう。しかし、口絵写真の中心をなしていたのは、戦地の写真ではない。第二編（二七年九月九日）には『東京朝日新聞』の付録と同じ「京城凱旋の図」が掲載されているが、戦地の写真が本格的に掲載されるのは、二七年一二月二七日発行の第一三編以降である。第一三編に大本営写真班撮影の金州城攻撃の写真が二枚掲載され、第一四編（二八年一月七日）には金州城攻撃の写真に加え、花園口上陸の写真が載る。第一七編（二八年二月七日）以降は、旅順や威海衛などの戦地の写真が順次掲載されていった。

『実記』の口絵写真で最も多いのは、全編で約七〇〇枚にも及ぶ肖像写真である。現在のわれわれの眼から見ればあまり面白くはないが、付録ではあったものの、新聞が初めて網目銅版印刷を用いたのが、帝国議会議員の肖像写真であったように、当時肖像写真に対する関心は大きかった。明治二一年に作製された明治天皇のご真影は、厳密には肖像写真ではないが、肖像写真によって人を認知するという経験が広がり始めていたのである。出征する兵士たちも肖像写真を撮るようになり、肖像写真はさらに身近になっていった。また、メディアにとっても、肖像写真は入手しやすい写真であった。

肖像写真の役割

『実記』では、伊藤博文（いとうひろぶみ）や山県有朋（やまがたありとも）・大山巌（おおやまいわお）をはじめとする政府の高位高官や陸海軍の司令官・出征将校、李鴻章（りこうしょう）や丁汝昌（ていじょしょう）などの敵清国の主要人物あるいは諸外国の元首の肖像写真が、毎回巻頭を飾った。彼らは、新聞報道などによって読者にも知られた人々であり、彼らの肖像画も人気があったようだが、肖像写真は、彼ら有名人のナマの顔を見せるものであった。人間の顔への興味、話題の人の顔を見たいという欲求は、当時も今も変わらないし、また肖像写真は、誰の写真かということが一番大事な問題であるから、最もわかりやすい写真でもある。肖像写真は、想像の中にあった人々を実在の人物として立ち上がらせ、報道にリアリティーを持たせる。

読者たちは、さまざまなメディアを通して、敵清国を認識し、戦争のイメージを描いていたであろうが、日清両国の首脳あるいは出征将校の顔や姿を知ることによっても、敵と味方を認識し、国というものを意識したのではないだろうか。読者たちが興味を持った高位高官・出征将校たちの肖像写真は、読者に国家と国民を意識させるように働いたが、その意識がまた、さらなる戦争への支持と肖像写真への興味を引き出す。『実記』は、その回路を作り出し、その要（かなめ）の装置として働いたものと思われる。

肖像写真と美談

『実記』に掲載された肖像写真は、軍人が最も多かったが、高官や武勇伝の主だけでなく、第五編（明治二七年一〇月九日）からは、戦死将校の肖像写真が掲載されるようになる。さらに亡くなった兵士や軍事探偵、また戦傷者も加えられ、次第に戦死兵士が中心となっていく。

第五編には、九月の平壌の会戦で活躍した第一〇旅団長立見尚文や、黄海海戦で戦死した赤城艦の艦長坂元八郎太の肖像写真が掲載され、「本紀」「史伝」「彙報」でも彼らの活躍が伝えられた。また、第七編（二七年一〇月二九日）では、「松島艦大砲之図」として、大砲の前に並ぶ乗組員と向山慎吉副艦長の写真を掲載し、「本紀」の「松島艦の勇戦」と、「史伝」の「松島艦副艦長向山慎吉君」で松島艦を取り上げている。

前述のように、『戦国写真画報』第一巻にも松島艦は紹介されていた。同誌では、松島と橋立の二艦の全体像を写した写真二枚が上下に並べられており、解説ではその製造年やトン数が記された後に、「明治二七年九月一七日海洋島の役に松島は旗艦として伊東連合艦隊司令長官乗組み、奮闘して敵弾を蒙ること烈しく、その巨砲の砲門を打破られ大いに艦体を損じたれば、戦列を脱す」と紹介されている。

『戦国写真画報』の解説ではまったく触れられていないが、当時、松島艦については、次のような話が伝わっていた。黄海海戦の際、瀕死の重傷を負った水兵が向山副艦長に

図17 「松島艦大砲之図」(『日清戦争実記』第7編より)

〝定遠はまだ沈みませんか〟と尋ね、〝どうか仇を討ってください〟といって死んだというのである。死ぬまで戦意を失わなかった水兵の美談は、新聞で報道されただけでなく、錦絵や石版画にも描かれ、「勇敢なる水兵」という歌にもなった。松島艦は、その美談の舞台だったのであり、『実記』の松島艦乗組員と向山の写真は、その美談にまつわる人々の姿なのであった。『実記』では、「史伝」でこの美談を紹介し、口絵写真と連動させている。

佐谷真木人は、無名兵士の美談は、国民の誰もが戦争を支え、国家を支えているという意識を広げていったという（『日清戦争―「国民」の誕生―』講談社現代新書、二〇〇九年）。美談の主たちの写真は、彼らの実在の姿を見せるものであり、文や絵画あるいは高位高官の写真以上に、〝国民の戦争〟をより強く実感させたのではないだろうか。広く出征した将校・兵士たちの写真を掲載したところに『実記』の特徴・強みがあるが、それは国民の国家意識を固めていくものでもあった。

戦況報道と顕彰

『実記』は月三回刊行とはいえ、新聞よりだいぶ遅れる。しかし、遅れるメディアだからこそできることがある。

『実記』では、新聞の断片的な情報を整理・再編し、写真や地図も合わせて掲載することで、それらが相乗効果をあげるような構成を取っている。酒井敏が指摘するように、『実記』は、〈勇士〉を核にして個々の戦闘を意味付け、〈勇士〉の物語と戦況報道を一体化させることに成功した（「〈勇士〉の肖像―『日清戦争実記』と読者―」『日本近代文学』六七集、二〇〇二年）。そこでは、肖像写真は、単に肖像写真としてあるのではなく、記事と連動して、〈勇士〉の物語、武勇伝・美談にリアリティーを持たせた。報道画の中では画一的に描かれていた軍人たちそれぞれの顔を見ながら、『実記』の記事を読み、また、それまでに知った情報を思い出すことで、読者たちは、それぞれの戦闘のイメージをさらに膨らませていったのであろう。

また、〈勇士〉の活躍の物語は、戦況報道であるだけでなく、戦死者を顕彰するものでもあった。『実記』には、読者から送られた戦死兵士たちの肖像写真と履歴が、多数掲載されている。酒井敏は「〈勇士〉の肖像」の中で、彼らの肖像写真と履歴によって〈勇士〉の肖像を描こうとした『実記』が、その過程で読者との葛藤を抱え、「紙の慰霊塔」に変質していったことを見事に描き出しているが、武勇・戦勝を祝う気分と死者の顕彰・慰霊が同居するところにも、『実記』の人気の要因があったのではないだろうか。

戦地写真の役割

本書では、戦闘そのもの、あるいは戦闘の直前直後の状況など、戦闘に直接的に関わる写真を戦況写真と呼び、戦地で撮られた写真全体を総称して戦地写真と呼んでおく。つまり戦地写真には、戦況写真だけでなく、物資の輸送や現地の人々をとらえた写真も含む。では、『日清戦争実記』の中で、戦地写真はどのような役割を担っていたのだろうか。

雑誌は速報性において、新聞より劣るメディアである。とはいえ『実記』も、基本的には速報を主眼としていたので、記事の中心となる出来事とその出来事を撮影した写真の掲載には、ズレが生じる。例えば、前述のように、「和尚島の砲台」の写真が掲載されたのは第一九編（明治二八年二月二七日）だが、大連の占領の記事は第一〇・一一編（二七年一一月二七日・一二月七日）に掲載されている。また、第一九編の記事の中心となっていたのは「威海衛海戦記」だったが、「威海衛占領後の砲台」の写真が掲載されるのは、二ヵ月後の第二五編（二八年四月二七日）である。したがって、戦地写真の役割は、『実記』の柱になる〈勇士〉の物語・戦況報道記事とは離れて、単独で戦地の情景を見せることであった。

戦地写真が掲載され始めた当初は、大本営写真班撮影の地形の写真の他、砲撃や揚陸（ようりく）・幕営（ばくえい）の写真などが使われた。それらは戦地写真としては最新のものであり、折込ページを利用して、大きく掲載されることも多かった。しかし、明治二八年（一八九五）三月初めに大陸での戦闘は終結し、戦地写真の役割も変化していく。

講和が成立した後、『戦国写真画報』は廃刊し、『実記』の読者も減少したが、『実記』は二九年一月まで発刊された。その間に『実記』は、前述のように、戦死者の顕彰の場と

図18 「和尚島の砲台」（『日清戦争実記』第19編より）

しての性格を強めていく。しかし、あまり多くはないものの、戦地を知らせる写真も折りに触れて掲載されており、また、凱旋の写真などもあった。五月に入るとそれらの写真とともに、開戦期の樋口の写真や九連城（二七年一〇月二六日占領）の堡塁の写真などが、掲載されるようになる。以後、速報ではなく、逆に時間をさかのぼっていくような写真が、断続的に掲載される。つまり、講和後の『実記』は、顕彰と台湾占領戦争の報道と日清戦争の歴史化の三つをテーマとするようになるのであり、第三八編（二八年九月七日）からは、記事にも「征清戦史」が登場する。

亀井の写真と日清戦争の記憶

日清戦争の歴史化に関わる写真の中には、当然ながら、地形の写真よりも兵士たちの行動をとらえたものや戦闘後の状況、各地での記念撮影のようなものが多い。その中に、亀井茲明の写真もある。亀井の写真はその前にも掲載されていたが、亀井の名前を明記して掲載されたのは、第四七編（明治二八年一二月七日）の折込ページが初めてである。ここには、五点の写真が掲載されており、写真自体はあまり大きくないが、前述の金州城の写真と旅順の写真も含まれている。しかし、それぞれ「金州城攻撃の真図」と「敵屍の掃除」と題されており、金州の写真が後日再現されたものであること、および「敵屍の掃除」の場所が旅順であることは記されていない。

後日の再現、あるいはポーズを取らせた演出写真というのは、日露戦争期の写真にも映画にもある。今日では〝ヤラセ〟ということになろうが、機材が未発達で、メディア自体も未成熟な当時においては、それらは事実に準じるものとして、送り手・受け手双方に許容されていたようである。しかし、メディア自体、あるいはそれに携わる人間が未成熟であったとはいえ、「敵屍の掃除」の問題は重要であろう。

事件から一年を経ていたが、海外で大きく問題にされた事件だけに、「旅順」と明記することは難しかったのであろう。亀井の写真そのものは、「旅順」と明記されていなくても、戦争の悲惨さを写し出し、戦争とは何かを問う問題提起力のある写真である。したがって、写真が掲載されたこと自体は重要である。しかし、「旅順」と明記されていれば、この写真は、日清戦争の記憶をもう少し違ったものにする力を持っていたのではないだろうか。

事件当時、虐殺とは認識されていなかったであろうが、凄惨な掃討戦であったことは報道されていたから、「旅順」と明記されていれば、読者それぞれの記憶が写真によって具体的なイメージとして固められたはずである。そうなれば、そのイメージが読者たちの事件の記憶となり、その記憶が共有され得たのではないか。ところが、「旅順」と明記されなかったために、写真はその力をそがれ、そこに提示された問題は、日清戦争全体の記憶の中に拡散され、忘れられてしまった。写真自体が小さく、あまり目立たないような形での掲載であったことも、写真の力を弱めてしまったように思われる。

写真報道の検証

写真が撮影できるのは、撮影者の目の前にある個別の場所、個別の出来事である。しかし、写真はそれを見る人の記憶に影響を与える。旅順虐殺事件の記憶は、事件そのものだけでなく日清戦争自体の評価に関わるものであり、それは延(ひ)いては日清戦争後の日本の歴史にも関係する。

いつ、どこで、何を撮ったかは、報道写真の根幹に関わる。写真を読み取る鍵となるタイトルとキャプションは、写真と一体のものであり、両者はあいまって、読者に出来事を知らせ、問題を提示する。情報の隠蔽(いんぺい)は、写真が提示している問題を見逃させる。また、写真の提示の仕方によっても、その問題の伝わり方は変わってこよう。それは今日でも同様である。

日清戦争期における写真報道は、まだ産声を上げたばかりだったが、さまざまな形で戦争報道に関わっていった。現代の私たちは、写真そのものを見るだけでなく、当時それぞれの写真がどのような形で人々に提示され、戦争報道の中でどのような役割を担ったかを含めて考えていくことが必要なのではないだろうか。

戦間期の情勢と義和団事件の報道

戦間期の技術開発と新しいメディア

フィルムの開発

日本でガラス乾板の国産化が試みられている頃、欧米ではそれに代わる軽い感光材（かんこうざい）の開発が競われていた。

セルロイド材が知られるようになるのは一八七〇年代だが、八〇年代半ばに、このセルロイドをガラス乾板のガラスの代わりに利用する研究が進められる。明治二一年（一八八八）に、セルロイドシートに感光乳剤を塗布したシートフィルムが売り出された。写真材料商の小西本店（現在のコニカミノルタ）では、日清戦争の際にこのシートフィルムを輸入し、大本営写真班に提供したという。

イーストマン・コダック社の創設者であるジョージ・イーストマンは、一八八四年に帯状の紙フィルム（紙に感光乳剤を塗ったもの）を発明したが、それは操作の簡単な大衆用携帯カメラの開発につながっていく。彼は、紙に代わるフィルムベースやロールフィルムに適したカメラ本体の研究を進めていったが、その過程で新しいサービス体制をも生み出した。イーストマン乾板フィルム会社では、全部露出し終わったカメラを同社に送ると、同社で現像・焼付け・フィルム交換を行い、撮影者の元に現像フィルム（ネガ）と印画と新しいフィルムを装塡したカメラを送り返すというシステムを作った。つまりイーストマンは、複雑な現像と焼付けという作業を同社が代行するシステムをあわせることで、「小型ロールフォルダー式胸当てカメラ」を完成させたのである。同社がこのカメラを「コダック」と名付け、「ボタンを押せば後は全て我々におまかせを」をうたい文句に売り出したのも、一八八八年のことであった。

コダックカメラ方式によって、ボタンを押すだけで誰にでも写真が撮れる新しい時代がやってきた。しかし、ロールフィルムはシートフィルムよりも薄くしなければならなかったため、イーストマンは、その後もフィルムの品質の向上やカメラ本体の改良に努めた。

日清戦争期にフィルムを輸入した小西本店の社長小西六右衛門は、軽量の携帯写真機とフィルムの時代の到来を予見し、日清戦争後もフィルムを輸入した。しかし、当初は湿度の高い日本の気候にあわなかったらしく、苦情が相次いだという。イーストマンらの研究が進んで、日本でも使用に耐えるフィルムが完成し、小西本店が本格的にフィルムの輸入を始めるのは、最初の輸入から七年経った明治三四年一一月であった。コダックカメラは、世界中でアマチュア写真家を増やしていったが、これ以降、日本でもコダックカメラが広がっていく。写真の画像が不鮮明なことなど、まだ欠陥もあったが、日露戦争では、従軍写真師・記者たちの重要な持ち物の一つとなった。

映画の誕生

映画は、ロールフィルム・撮影機・映写機のそれぞれの研究・開発が一つのシステムに結び付くことによって、可能になった。エジソンは、一八九一年にのぞき眼鏡式の動画観賞装置キネトスコープを発明するが、一八九六年四月には、現在の映画につながるスクリーン上映式のエジソン・ヴァイタスコープの初上映を行なっている。一方、フランスでは、その前年の末にリュミエール兄弟が、シネマトグラフの上映に成功していた。

それらの映写装置は、ほどなく日本にも上陸する。ヴァイタスコープは明治二九年（一八九六）の末に、シネマトグラフは翌三〇年の初めに輸入され、東京・横浜・大阪・神戸などで上映された。ヴァイタスコープは、現在と同じように観客の側に映写機を置くもので、活動写真と呼ばれた。一方、自動幻画と名付けられたシネマトグラフは、スクリーンの後ろから映写した。映写機とともに輸入されたフィルムには、「ナイヤガラ」などの実写ものが多かったが、史劇ものやニュース映画的なものも含まれていたという。日本でも、欧米と同じように、人々は動く映像に関心を持ち、映画は人気を博した。

一方、この年の秋には、小西本店によって撮影機も輸入され、映画の撮影も試みられる。この撮影機の購入者は、後述する光村利藻だったが、実際に映画の撮影にあたったのは、小西本店の店員浅野四郎と写真師柴田常吉であった。彼らは、日本橋の鉄道馬車や芸者の手踊り、さらには歌舞伎座で上演されていた「紅葉狩」などを撮影したという。

明治三二年になると、「米西戦争」や「英杜戦争」などのニュース映画も入ってきた。米西戦争（一八九八年）は、キューバおよびフィリピンで起こった反スペイン独立戦争にアメリカが干渉したもので、スペインに勝利したアメリカが、以後両地の支配権を握る。また、ボーア（ブーア）戦争・南アフリカ戦争ともいわれる英杜戦争（一八九九〜一九〇二年）は、ボーア人（オランダ系白人移民）とイギリスが南アフリカの領有をめぐって戦った戦争である。ボーア人は、イギリスのケープ占領（一八四一年）以後、その支配を嫌って北方に新しい国を建国したが、そこで見つかった金とダイヤモンドの鉱脈にイギリスが手を伸ばしたため、戦争となった。

これらは、芝居を交えたものであったらしいが、動いているものを記録し、再現する映画というメディアが、戦争の記録・報道において有用であることを示した。そして、これ以降、戦争の記録・報道に、映画はなくてはならないものとなっていく。

絵葉書と三色版の研究

日清戦争と日露戦争の間に生まれたもう一つの新しい視覚メディアが、絵葉書である。絵葉書の製作は、明治三三年（一九〇〇）に私製葉書が認められたことによって始まる。美人や風景など、さまざまな絵や写真を石版（せきばん）やコロタイプで印刷した絵葉書が作られた。雑誌の付録としても流行し、交換会なども盛んに行われた。日露戦争期には、逓信省から数回、記念絵葉書が発行され、絵葉書ブームが起こる。これらの記念絵葉書では、円や四角の枠の中にコロタイプ印刷の写真を入れ、周囲には石版の多色刷りで図柄を印刷していた。

当時の絵葉書では、写真製版によるカラー印刷は、まだ利用されていないが、日清戦争後には、三色版の研究も始まっていた。三色版は、原色版ともいわれるが、原画を赤・青・黄の三つの原色に分解した三枚の版を刷り合わせることで、原画の色彩を複製する製版技術である。色分解した三枚の原版（げんぱん）を網目ネガとして焼き付け、腐食処理して製版する。

三色版印刷についても先鞭を付けたのは、小川一真（おがわかずまさ）であった。小川は明治二六年の渡米の際に三色版を知り、二九年には『写真新報』（八二号）に三色版印刷物を発表した。しかし、その後は研究がはかどらなかったようで、事業に加えるのは、明治四二年になってからである。他にも二、三研究を始めた人がいるようだが、最初に実用化に成功したのは、大江印刷所の大江太（おおえはじめ）であった。

大江は、オーストリア留学でこの三色版を習得した小倉倹司に研究を要請し、彼の研究を支援した。彼らは明治三五年にようやく満足のいく結果を得、日本初の三色版印刷によるカラー口絵「薔薇花」（『文芸倶楽部』第八巻第一〇号、明治三五年七月）を発表する。これは非常に美しい出来上がりで、絶賛されたという。この年、大江印刷所は三色版印刷を事業化する。また、小倉は明治天皇の前で三色版の進講と実演を行なった。大江印刷所は、日露戦争期には冨山房の画報雑誌『軍国画報』の三色版印刷を担当し、さらに名声を上げる。

もう一人、三色版印刷に力を注いだ人物に、神戸の豪商光村利藻がいる。光村については後述するが、明治三四年に関西写真製版合資会社を設立した。光村は、コロタイプ印刷を機械化し、機械印刷で絵葉書の大量生産を行うなど、コロタイプ印刷を事業とするかたわら、三色版の研究を行なった。四〇年には、先の会社を改組した光村合資会社にドイツ人技師を招き、工員の指導にあたらせた。技術の向上に努めた同社では、国宝級の美術品の複製など、レベルの高い仕事を行なっていたが、経営は苦しかった。そのため、会社は後に人手に渡ることとなる。

海を渡った写真師たち

新天地へ向かった人々

日清戦争中には、冒険商人たちが戦地に出かけていったが、戦後も事業の成功を目指して、多くの日本人が海を渡っていった。その中には、写真師もあった。みずからの腕一本で仕事をする写真師は、比較的移動の容易な職業でもある。彼らは他の職種の人々同様、植民地となった台湾やロシアとの対立が表面化する朝鮮・満州、あるいはロシア領内へ向かっていった。

前述のように、浅井魁一は日清戦争後、台北で開業するが、遠藤陸郎・寛哉・誠の三兄弟も、明治三五年（一九〇二）に台湾に渡る。その後陸郎は、大正三年（一九一四）に台湾で亡くなるが、写真館の営業は続けられた。台湾の砂糖問屋に勤めていた若き日の木村伊兵衛は、この遠藤写真館で写真術や修整技術を磨いていたという。浅井・遠藤の他にも、台湾へ渡った人があったようだが、明治期に台湾に渡った写真師については、ほとんど資料がない。

一方、朝鮮と満州に渡った写真師については、若干手がかりがある。明治三八年発行の『在韓人士名鑑』（木浦新報社、『日本人物情報体系』七一、皓星社、二〇〇一年）には、釜山二名、京城三名、仁川・元山各一名、合計七名の写真師が紹介されている。それによると、日清戦争以前から朝鮮で開業していたのは二名で、日清戦争後まもなく朝鮮に渡ったと思われるのは三名である。後の二名については不明であるが、日清戦争後に渡ったうちの一人が、『めさまし新聞』（第二次）に写真を提供していた村上幸次郎である。京城で開業した村上は、朝鮮王宮に出入りしていたらしく、明治二八年一〇月の閔王妃の殺害にも関わっていたのではないかと金文子は指摘している（『朝鮮王妃殺害と日本人―誰が仕組んで、誰が実行したのか―』高文研、二〇〇九年）。

また、満州に関する資料としては、『満州紳士録』前編・後編（奥谷貞次・藤村徳一編、明治四〇・四二年、『日本人物情報体系』一一、皓星社、一九九九年）と『満州商工人名録』（大連実業会、明治四二年、『戦前期海外商工興信録集成』二、不二出版、二〇〇九年）がある。後者には、大連一一名・旅順二名・営口二名など合計二〇名の写真師の名前が載っている。

『満州紳士録』には、成功者たちの小伝の他に、地域別の職業別統計が掲載されており、いくつかの地域には写真業という項目がある。例えば、奉天には戸数九軒、男二二名・女一一名とあり、安東県では戸数五軒、男一〇名・女六名、鉄嶺では戸数四軒、男一二名・女三名となっている。明治初期から女性の写真師もいたが、彼女らは父親や夫から写真術を学び、彼らを助けていた。満州の女性写真師たちも、そういう人々ではないだろうか。写真師に限らず、植民地あるいは他国との対立・紛争の最前線の地に渡った人々は、意図するにせよ、しないにせよ、政府や軍部の勢力の伸張に加担する可能性が大きい。まして写真師は、職業上さまざまな情報を入手・提供することが可能であり、権力側との関わりは、よりいっそう深くなる傾向にあった。

満州の写真師たち

『満州紳士録』前編には、旅順の橋本新平・宮城静雄・鹿島清三郎、大連の中島喬木、営口の三船秋香の五人の写真師の小伝が、掲載されている。また、鹿島以外の四人の名前は、『満州商工人名録』にもある。

『満州紳士録』によると、三船は、浅井魁一に写真術を学んだ後、明治三三年（一九〇〇）の義和団事件の際に天津に渡って写真館と西洋雑貨の販売を始め、日露戦争下の明治三七年七月、日本軍が占領した営口に移った。日露戦争に際しては、第六師団に従軍して、戦況および各地の地形の撮影をしたという。第一次世界大戦後には青島に移り、日本軍御用達となり、非常に繁盛していたらしい。ちなみに昭和の映画俳優三船敏郎は、秋香の長男である。

また、橋本は、明治二一年から東京で写真術を学んだ後、日清戦争期に台湾に渡り、台北で開業していた。日露戦争に際しては、「写真班員として第三軍に従」ったという。第三軍は、旅順攻撃のために編成された軍で、浅井魁一も同軍に従軍している。浅井との関係は不明だが、彼らの接点は多い。橋本は後に、日露戦争の戦跡記念碑を集めた『明治三十七八年戦跡紀念写真帖』(満州戦跡保存会、大正九年)の撮影を担当している。

鹿島は、〝写真大尽〟と呼ばれた鹿島清兵衛の実弟である。彼らは、明治二八年、東京の京橋木挽町に玄鹿館という写真館を開いたが、同館はエレベーター付きの二階建て洋館で、写場には回り舞台があるという贅を尽くした写真館だった。しかし、翌明治二九年から清兵衛が没落し始める。『満州紳士録』によれば、清三郎は三六年に天津に渡り、その後旅順に移る。旅順では、写真館だけでなく、陸海軍その他官庁の用達業も経営し、結局その方面で成功したという。

中島は、明治二九年に台湾に渡り、六年間台北で開業していたが、明治三五年に帰国し、三六年に大阪で開業する。そして、三八年に大連に渡ったという。

宮城については次に述べるが、小伝が掲載されている写真師たちは、何らかの形で軍部や国家、あるいはメディアと結び付いて、成功している。

旅順の写真師
―宮城静雄

宮城静雄（一八七六～?）は、旅順と大連で写真館を営んでいた写真師である。彼についても資料は少なく、『満州紳士録』の他には、日露戦争で彼の写真館が被った被害に対して、外務省に救済金を願い出た「救済金御下付願」（明治四一年）があるだけである。しかし、彼が日露戦争期に撮影した写真は、いくらか見ることができる。

先の二つの資料には、多少くい違うところもあるが、宮城の経歴は、だいたい次のようなものである。

宮城は、英和学校在学中に趣味で写真を覚えた。明治三一年（一八九八）にウラジオストックに渡り、ロシア人写真業者の下で写真技師として働きながら、ロシア語を学ぶ。三五年に大連に移って、また別のロシア人の開業する写真館に入り、そこで主任を務めた。このロシア人は旅順に本店、大連に支店を持っていたようだが、宮城が提出している先の「救済金御下付願」は、旅順の店のものであり、遅くとも三六年末には、宮城が大連支店とともに旅順本店も経営していたものと思われる。

ロシアは、三国干渉の三年後、明治三一年に遼東半島を租借し、ロシア勢力の扶植に努めていた。ロシア領内、あるいは遼東半島で開業する日本人写真師もあったが、宮城によると、ロシアは旅順では日本人の写真館営業を認めなかった。そのために、ロシア人の名義を引き継いで営業していたという。旅順は要塞地帯であったから、規制が厳しかったのだろう。石光真清も旅順での写真館開業を試みたようだが、成功していない。彼も結局大連の支店を南部地域の活動拠点としていた。

『満州紳士録』によれば、宮城は、「(明治)三十五六年の間写真業者として、冨山房書屋及報知新聞社の嘱託を受け、戦況を実写し、報道し」ていた。また「通信を兼ね、別に或る目的を以て哈爾賓、チチハル沿岸を視察」してもいたという。「或る目的」とは、軍事や政治に関わるスパイ活動的な情報蒐集ということであろう。日露戦争期にも、宮城は冨山房と報知新聞社の両社に写真を提供しているが、冨山房発行の『軍国画報』(第二巻、明治三七年五月三日)には、「嘗て旅順に在住して、満韓の地を縦横踏破したる宮城静雄氏」と紹介されている。宮城は、旅順・大連で開業していたばかりでなく、「満韓の地」に精通した写真師でもあったのである。

宮城は、三六年一一月に一時帰国しており、日露の開戦は日本で迎えた。その後、第一軍に従軍して韓国に渡り、そこから清国に入る。そして、いったん帰国した後、再度、第三軍第一一師団に従軍して旅順に向かう。

彼が撮影した写真は、『軍国画報』および『報知新聞』に掲載されている。それらについては次章で述べる。宮城もまた、現在では忘れられた写真師であるが、戦況写真も集合記念写真もうまく、日露戦争を伝えた重要な写真師の一人である。

山本讃七郎（一八五五〜一九四三）については、山本の郷里岡山の郷土史家日向康三郎の研究に詳しい（「林董伯爵と写真師山本讃七郎」『史談いばら』二四号、一九九七年、「山本讃七郎をめぐって」同二五号、一九九八年、「山本讃七郎Ⅲ」同二九号、二〇〇五年）。

北京の写真師　―山本讃七郎

山本は、外交官林董の書生をしていたが、林の勧めもあって、写真師の道を選ぶ。中島待乳について写真術を学んだ後、明治一五年（一八八二）に東京で写真館を開業する。みずからの写真館と兼業だったのかどうかはわからないが、その後、鹿島清兵衛・清三郎兄弟の玄鹿館の写真技師となる。玄鹿館を辞して北京に渡るのが、明治三〇年五月頃であったという。山本の渡清についても、林の勧めと世話があったらしい。林は、明治二八年五月から翌二九年一一月まで、駐清公使を務めている。北京に渡った山本は、清朝宮廷に出入りし、西太后などを撮影したという。その他に、北京城内や郊外の風景・建築・石窟・石仏などの写真も残している。

山本が北京に開業して三年後の明治三三年、義和団事件が起こる。義和団事件については後述するが、列強に分割されつつあった清国の排外主義運動に清国政府が同調して、日本を含む諸外国を相手に戦った戦争である。日本人を含め北京にいた外国人たちは、籠城(ろうじょう)戦を戦うことになったが、山本もまたその一員となった。籠城戦から解放された後、籠城戦を戦った人々や戦闘後の状況を写した写真を、博文館の雑誌『太陽』や『東洋戦争実記』に寄せている。

義和団事件後、いったん帰国した山本は、再び清国へ戻り写真館を営む。その後、明治四四年頃に写真館を長男に譲って帰国し、昭和一八年（一九四三）に亡くなる。

彼のガラス乾板は、東京大学東洋文化研究所に所蔵されており、現在同研究所のホームページで彼の写真を見ることができる。みずから義和団戦争を戦うこととなった山本だが、戦争の写真よりもどちらかといえば、肖像写真や平時の風景・建築などを得意としたようである。

戦間期の軍部と写真

光村利藻と海軍

光村利藻（一八七七〜一九五五）は、明治一〇年（一八七七）に神戸の回船問屋長門屋の一人息子として生まれる。一四歳で父親を亡くすが、豪商であったため、その後も裕福な生活を送った。一五歳の頃から写真に関心を持ち始め、一八歳で大日本写真品評会に入会している。同会および日本写真会を通して、小川一真・小倉倹司・鹿島清兵衛などの知己を得るが、博文館の編集者大橋乙羽とは、それ以前から交流があり、親しく付き合っていたようである。大橋乙羽は、『風俗画報』の編集者を経て博文館に入り、博文館の創始者大橋佐平の娘婿となった人である。乙羽は写真の利用に熱心で、報道記事や紀行文に口絵写真を合わせる博文館のスタイルを確立した先駆者である。

光村は仕事の関係上、海軍と深い関係にあり、日清戦争期には大幻灯会を催して、その収入を海軍に献金している。光村自身が海軍の写真を撮るようになったのは、日清戦争後の明治二九年からである。光村は、神戸に入港してきた軍艦松島の内部の撮影を申し出た。光村自身の草稿をもとにした『光村利藻伝』（増尾信之編、光村利之出版、一九六四年）によると、その当時海軍は、海軍拡張に対する世論の支持をとりつけたいと考えており、海軍思想普及のために光村の写真撮影を歓迎したという。

これが縁で、光村は海軍に関する写真を撮影することになり、明治三一年には紀淡海峡での艦隊運動の撮影を、三三年には神戸沖で行われた大観艦式の撮影を委嘱される。光村は、すでに印刷にも興味を持ち、私設の写真印刷研究所を作っていたが、私設の写真部（光村写真部と記す）も持っていたようであり、三一年にはその写真部の部員が軍艦秋津洲に便乗し、米西戦争の渦中にあるマニラの撮影に向かっている。

日露戦争に際しては、光村写真部の部員たちを、海軍省嘱託写真班として私費で旅順に送っているが、それに先立って、みずからも海軍が戦地視察のために用意した満洲丸に乗り、各占領地をめぐった。満洲丸には、帝国議会議員や外国人観戦武官、内外の新聞記者たちが乗艦していたが、光村は各地で撮影した写真から『満洲丸巡遊記念帖』を作成し、海軍省や同行した人々に贈った。また、名所絵葉書や美人絵葉書を一〇万枚印刷して、海した。

軍恤兵部に寄贈してもいる。日露戦後の明治三九年には、海軍の機関誌『海軍』を創刊

光村あるいは光村写真部の撮影した写真は、博文館の雑誌にも掲載され、また、写真帖にもなった。海軍の写真は、海軍軍人が撮影することが多かったが、光村および光村写真部は、彼らに準じるような扱いであった。陸軍の小倉倹司同様、彼らも海軍の艦隊運動や観艦式の撮影を通して腕を上げ、軍艦の動きをとらえた迫力のある写真を撮影できるようになっていった。明治後期の海軍思想普及における光村の貢献は大きい。

前述のように、光村は日本最初の映画撮影機の購入者でもあり、鹿島清兵衛と並ぶ〝写真大尽〟としても知られていたが、彼自身が生涯の仕事としたのは、印刷であった。しかし、採算を度外視した彼の印刷関連事業は挫折した。製版・印刷研究のために、光村はその莫大な資産を使い果たしてしまったといえようが、光村の始めた印刷業は、紆余曲折を経ながら、現在も光村印刷株式会社として継続されている。

陸海軍の拡張

日清戦争の最中から、日本は陸海軍の拡張に着手していたが、戦後、軍拡は本格化する。陸軍においては、日清戦争中に一個師団が増設されて、八個師団となっていたが、明治三一年（一八九八）に、一挙に五個師団が新設された。一方、海軍においても、日清戦争中に起工した戦艦二艦が明治三〇年に完成し、以後三三～

三五年の間に、四艦が建造された。装甲巡洋艦六艦も二九〜三五年の間に完成し、いわゆる六六艦隊の時代を迎える。

しかし、当時の日本には、これらの主力艦を製造する技術力はなく、すべてイギリスをはじめとするヨーロッパ製であった。日本は、欧米から高価な軍艦や兵器を購入することで、ロシアに対抗する軍備を備えていったのである。その支払いには、清国からの賠償金があてられたが、それだけでは足らず、増税と国債で補塡された。増税は、葉煙草の専売、営業税の新設、酒造税の値上げなど、国民大衆に広く負担を強いるものであった。そのため、国民の軍拡への理解・支持が必要だったのであり、光村利藻の写真が海軍に歓迎されたのも、このような事情による。ロシアとの戦争が現実味を帯びてくる中、一般へ向けての軍事思想の普及、軍部のPRも必要になってきたのである。

『太陽』と軍部の演習写真

前述のように、光村は艦隊運動や観艦式の写真を写真帖にするだけでなく、博文館の雑誌『太陽』にも提供している。明治二八年（一八九五）一月五日に創刊された『太陽』は、明治・大正期を代表する総合雑誌である。『日清戦争実記』と同じく、網目銅版印刷の口絵写真を売り物にしたが、内容は時事問題・政治・法律・文学・美術・工業・農業などと幅広く、写真も肖像や風景、世界の風俗から災害・軍事など多岐にわたっている。明治三一年には、光村写真部や他の人から

陸海軍大
（明治三十一年十一月）
…EUVRE OF THE ARMY AND NAVY.

小栗街道伯太村字黒鳥西南方ニ於ケル北軍歩…

大元帥陛下小栗街道黒鳥東方舞塚臨御ノ光景

大元帥陛下神戸港ニ於ケル常備艦隊運…

手塚山東方ニ於ケル北軍野戦砲兵第九聯隊一部砲撃ノ光景

常備艦隊運動天覧御乗艦ノ際軍艦八島檣立ヨリ發射セシ…

小栗橋街道東方ニ於ケル南軍歩兵第卅聯隊一部射撃ノ光景

（參謀本部寫眞班寫眞）[illegible]美舍印行

図19　「陸海軍大演習」（参謀本部写真班撮影，『太陽』5巻4号より）

提供された米西戦争の写真も掲載されている。

陸海軍の軍事演習の写真が登場するのも、その頃からである。その皮切りともいえる「第三師団機動演習」（四巻一号、三一年一月一日）は、鈴木経勲（すずきつねのり）の寄贈であるが、その後、「筑豊機動演習」（四巻二号、三一年一月二〇日）、「特別機動大演習」（四巻二五号、三一年一二月二五日）などが続く。五巻四号（三二年二月二〇日）の「陸海軍大演習」という折込の

寺岡北方ニ於ケル南北両軍歩兵突撃ノ光景

森林附近ニ於ケル南軍騎兵ノ小斥候

安部野ニ於ケル北軍衛生隊假設傷者收容部ノ光景

口絵写真（九点）のクレジットは、「参謀本部写真班写真」となっている。

これら陸軍の大演習の写真も、海軍同様、写真帖にもなっている。しかし、演習という出来事の記録であるから、日清戦争期のような地形写真ではない。中には集合記念写真のようなものもあるが、人やものが動いている写真、つまり、将兵の集団が射撃をする、隊列を組んで進む、あるいは軍艦が陣形を作って動くという行動をとらえた写真が、演習写真の中心となる。そして、それらの写真を写真帖として販売したり、雑誌に掲載することで、広く一般に知らせることが行われるようになったのである。

初期の『太陽』の口絵写真については、紅野謙介「写真のなかの「戦争」―明治三〇年代『太陽』の口絵をめぐって―」（小森陽一ほか編『近代知の成立』〈『近代日本の文化史』三〉、岩波書店、二〇〇二年）に詳しい。紅野が指摘するように、この時期の『太陽』の陸海軍の演習の写真は、「兵士らを巨大な集団としての軍隊ととらえ、静止画のなかに動きを導き入れる」ことを学び、次第に人の目を引き、心を躍らすようなスペクタクル性を持つようになっていく。だからこそ、軍部のＰＲになり得たのである。

軍部の写真が、一足飛びに「並外れた大きさと運動のダイナミズム」（前掲紅野「写真のなかの「戦争」」）を表すことができるようになったわけではないが、撮影者たちは演習写真を通して、軍隊という集団の行動をより迫力のある、より躍動感のある画面に整えていく技量を磨いていった。しかし、そこには写真に関する重要な問題が潜んでいる。

報道写真の二つの側面

何らかの出来事・事柄を伝える報道写真は、まず何よりもその出来事・事柄を視覚的に把握できるものでなくてはならない。その出来事・事柄の起こった現場や状況を「再現」することで、受け手に何が起こったのかを伝えることが、報道写真の大前提である。

しかし、そこから一歩進んだとき、報道写真には二つの方向がある。一つは、その出来事・事柄の本質により深く迫り、そこにある問題を記録し、指し示していく方向であり、もう一つは、その表現を磨き、写真としての完成度・作品性を高めていく方向である。前者は、よりジャーナリスティックな方向であり、後者は、よりアーティスティックな方向であるといえよう。この二つの方向は必ずしも矛盾しない。むしろ、これらが融合するところに優れた報道写真が出来上がるのだが、それは非常に難しいことである。

大橋乙羽は、明治二九年（一八九六）の三陸大津波の写真について、「写真の術やや現実を、描き出して、惻々人を動かさしむるも、美に傾きて、看る人の同情惹く淡きを奈何せむ」と書いた（「嘯害写真略解」『太陽』二巻一五号、明治二九年七月二〇日）。災害のもたらした悲惨な現実により深く迫ろうとしながら、それができずに、作品性＝「美」に流れていく。ここには、報道写真の難しさに対する乙羽の苦悩が見られる。

報道写真は、現実の出来事を記録し、伝える。しかし、空間的にも、時間的にも広がりのある現実の出来事の、どこをどう切り取って「現実」として提示するかは、機材の性能にも制約されるが、撮影者の意思と技量によって決まる。報道写真は、出来事＝現実をそのまま写し取るという意味では客観的だが、それは、撮影者の主観にもとづいて切り取られた「現実」であり、撮影者の切り取った「現実」を、写真という視覚表現を通して「再現」するものである。

報道写真は、現実の出来事により深く迫って、その現実に潜む問題を「現実」として「再現」しなければならない。そうでなければ、ジャーナリズムたりえない。しかし一方で、写真が表現である以上、その表現性を生かし、写真としての完成度を高めることも求められる。報道写真は、その両者の側面をもって成り立つものなのである。

報道写真と演習写真

田中正造が足尾銅山鉱毒事件の犠牲者たちを「非命の死者」と呼んだことを踏まえて、小松裕は、公害だけでなく戦争や結核などの感染症の犠牲者も、帝国日本に抗して斃れたアジアの人々も、「非命の死者」だと指摘する（『「いのち」と帝国日本』〈『日本の歴史』一四〉、小学館、二〇〇九年）。自然災害の犠牲者もまたそうであろう。戦争であれ、自然災害であれ、公害であれ、そこにある最も大きな問題は、「非命の死者」が生まれることである。

無残な死に方をした死者たちを撮影することは、簡単なことではなかろう。しかし、「非命の死者」という現実に向き合わず、死を隠蔽すれば、紅野が指摘するように、災害や戦争の写真は、「臨場感あふれるスペクタクル」（前掲紅野「写真のなかの「戦争」」）に流れてしまうだろう。「非命の死者」たちの声なき声に迫ることが、報道写真の最大の課題ではないだろうか。

しかし、その一方で、表現性もまた重要である。優れた表現は、写真の衝撃力を増し、より多くの人を引き付ける。また、写真の説明性や説得力を高めることもできよう。写真としての高い完成度の中に、その出来事・事柄に潜む問題を浮かび上がらせたものが、報道写真の傑作だろう。前章で述べた亀井茲明の旅順虐殺事件の写真は、その一つである。

演習は、基本的には死傷をともなわない架空の戦闘であり、そもそも「非命の死者」が存在しない。とらえるべき現実の問題が存在しないから、演習写真は、写真としての完成度、作品性・芸術性を追求する方向へ流れていく。それは、演習写真が不可避的に持つ性質である。美しさやスペクタクル性への傾斜は、現実の戦争を写した写真とは異なる演習写真だからこそ、持ちえた性質である。しかし、美しく、格好のよい写真だからこそ軍部の宣伝には不可欠なものとなったのであり、この後も美しさやスペクタクル性が磨かれていくのである。

義和団事件と写真

日本が清国からの賠償金で軍拡を急いでいる頃、清国では、その支払いのために列強から借款を重ねており、列強の進出が加速化していた。列強各国は、直接・間接に資本を投下しながら、鉄道の敷設権を得、鉱山を開発し、沿岸地帯を租借していった。

義和団事件（北清事変）と日本

義和団運動は、列強の圧迫にあえいでいた清国民衆の中から発生した排外運動である。義和団は宗教結社的な武術集団であったが、清国民衆は義和団を軸に結集した。彼らは、「扶清滅洋」をスローガンにして、一八九九年夏頃からキリスト教の教会を襲撃し始め、外国人の殺害にも及んでいく。翌年には勢いを増し、山東省から北京・天津へと、運動は広がっていった。鉄道や電信線など、列強が持ち込んだものを破壊しながら進んだ義和団は、六月に入ると、北京公使館区域および天津居留地を包囲する。これに対して、列強各国は連合軍を結成し、六月一七日、大沽（タークー）砲台で戦闘が始まる。清国政府内部では意見が分かれていたが、結局義和団に同調したため、義和団・清国軍対列強八ヵ国（英・米・露・独・仏・伊・墺・日）の連合軍の戦争となる。

　アジアの小国である日本は、列強の末席に連なって、列強と協調する方針を取っていた。列強各国は、それぞれに思惑があったが、天津・北京の解放では一致しており、地理的に最も近い日本に派兵を要請してきた。特にイギリスは、ボーア戦争に兵力を取られていたため、単独ではロシア・ドイツを牽制（けんせい）できず、派兵に慎重な日本を強く後押しした。結局日本は、臨時派遣隊約三〇〇〇人（六月一五日決定）に続いて、第五師団の派遣を決定し（七月六日）、連合軍中最多の総計二万二〇〇〇の兵を送った。

　連合軍は、七月一四日に天津を攻略し、増援部隊を待って、八月四日に北京へ向けて出発する。六月半ば以来の籠城（ろうじょう）戦を戦っていた北京の人々が救出されたのは、八月一四日であった。その間、義和団の騒擾（そうじょう）は満州にも広がり、ロシア軍は東清鉄道保護を名目に大軍を派遣した。ロシア軍は清国国民を虐殺した末、満州各地を占領していった。一方、北京でも制圧後、連合軍による略奪や虐殺が行われた。

　東清鉄道は日清戦争後、ロシアがその敷設権を獲得した鉄道で、シベリア鉄道が接続する満洲里から中国東北部を横断して綏芬河にいたる本線（ウラジオストックまでつながる）と、その途中のハルビンから旅順につながる南部支線とからなっていた。日露戦争後、この南部支線の長春以南が日本に譲渡され、南満州鉄道株式会社（満鉄）が設立されることになる。

一〇月に始まった和平交渉は、一二月三〇日に妥結し、翌明治三四年（一九〇一）九月に北京議定書が調印される。この議定書の中で、清国は四億五〇〇〇万両の賠償金の支払いを求められたうえ、北京における公使館区域の設定と、北京・天津における各国軍隊の駐留を認めさせられる。日本も天津に軍を駐留させることになるが、この軍が後に支那駐屯軍となり、昭和一二年（一九三七）の盧溝橋事件を引き起こす。

日本は、義和団事件（北清事変）を通して、列強の一国と認められるようになった。しかし、一方ではロシアの満州占領という事態にいたり、「満韓問題」が日本外交の焦眉の問題になっていく。

義和団事件の報道

日本の政府および軍部は、義和団事件への出兵によって、国際的な地位の向上を図ろうとしていた。軍部は、戦闘中も列強の目を非常に気にしており、日本軍将兵たちは、列強からその一員として認められ、畏敬の念を持たれる態度を取るように求められた。七月に入ると日本軍が前面に出ることになったため、多くの犠牲者を出すこととなったが、列強の目を意識した行動が、それに拍車をかけた。その代償として、日本は列強から「極東の憲兵」と認められるようになる。

列強の目を気にする軍部は、従軍記者に対しては、非常に厳しい報道統制を敷いた。義和団事件の前年の明治三二年（一八九九）には、軍事上の秘密の収集や漏洩、軍港・堡塁・砲台など国防のための諸施設を無許可で模写・撮影することなどを禁じた「軍機保護法」が制定されていたが、軍部は同法の下に厳格な検閲を行なったという。軍部では、メディアからの情報漏洩やメディアの列強批判を何よりも警戒していたのである。

また、義和団事件は正式な戦争ではなかったため、従軍記者制度は設けられず、記者への保護や便宜は与えられなかった。加えて、天津から北京への進行には、禁足令が出される始末であり、記者たちは非常に冷遇された。『九州日報』の従軍記者田岡嶺雲は、厳しい検閲で思うような記事が書けない中、日本軍兵士や清国人たちが死傷するのを目の当たりにし、軍当局への批判を募らせていく。そして、「公報と一様なる乾燥なる通信をなすの外報ずるに由なく」として、途中で従軍をやめ、帰国した（「戦袍余塵」『田岡嶺雲全集』第五巻、法政大学出版局、一九六九年）。

とはいえ、戦闘が始まると、新聞は連日、日本軍将兵の活躍を報じるようになる。大阪・東京両朝日新聞社では、五人の特派員を送り込み、報道に力を注いだ。当初は、北京・天津からの通信が途絶えていたため、上海の通信員や臨時派遣隊に従軍した上野靺鞨、豊橋艦に便乗した横田良吉などからの通信が多かった。天津、続いて北京が解放されると、両地の通信員西村麻三斤・村井啓太郎の籠城記が紙面を賑わした。

日本のメディアは、義和団運動が反キリスト教運動として始まったため、当初、この事件にあまり関心を払っていなかった。また、戦闘の期間も二ヵ月と短く、前述のように、軍部の忌避もあったため、日清・日露戦争と比べると、報道は不活発だった。後述する『東洋戦争実記』（明治三三年七月五日創刊）の他には、戦争報道雑誌は創刊されていないようである。『風俗画報』では、『支那戦争図絵』として特集を出しているが、これも明治三三年八～一〇月の三冊のみである。日清戦争期のような写真印刷物や石版画もあまり出回らなかったようであり、映画という新しいメディアが登場したものの、視覚的な報道は、文字報道に比していっそう少なかった。

柴田常吉の『北清事変写真帖』

前述のように、義和団事件（北清事変）は正式な戦争ではなく、大本営も設置されなかったため、大本営写真班も結成されなかった。しかし、この戦いを撮影していた写真師は何人かいる。

日本から派遣された主力部隊は第五師団だったが、博文館から派遣された写真師柴田常吉（一八六七～一九二九）は、この第五師団の補充部隊について戦地へ渡った。柴田および彼と行をともにした深谷駒吉（日東新聞社派遣）は、七月七日に東京を出発し、翌八月七日に宇品を発つ。深谷は、映画技師だったようだ。彼らは吉沢商店の特派員も兼ねており、吉沢商店の商品カタログには、彼らの撮影した写真一八七枚と映画フィルムの目録が掲載されている（吉沢商店『幻燈器械及映画並ニ活動写真機械及付属品定価表』明治三八年〈牧野守編『明治期映像文献資料古典集成』二、ゆまに書房、二〇〇六年〉）。吉沢商店は、明治期の代表的な映画フィルム販売会社で、写真や幻灯（スライド）も販売していた。

柴田らが帰国したのは、明治三三年（一九〇〇）一〇月七日だが、一〇月半ばから彼らの撮影した映画『北清事変活動写真』の上映が始まる。また、翌三四年五月には、先の写真の中から五〇点を選んだ『北清事変写真帖』が、吉沢商店から刊行された。

柴田の撮影した写真は、『太陽』および『東洋戦争実記』にも掲載されているが、戦闘そのものの写真はない。しかし、日清戦争期の大本営写真班のような地形の写真でもない。彼らの写真は、第五師団の出発以外は、戦闘後の惨状および占領地における各国軍の様子が中心である。後者には、集合記念写真のようなものが多い。前者では、殺害された義和団の兵士たちをとらえたものも一枚ある（「天津白河ノ河岸ニ団匪死体散乱ノ実況」）が、ほとんどが城門や家屋など、ものの破壊状況である。

「藤井軍曹城壁ヲ攀ギ上リ内ヨリ開キタル有名ノ城門ナリ」という説明が付いている

図20　「天津白河ノ河岸ニ団匪死体散乱ノ実況」(『北清事変写真帖』より，後ろに並ぶのはインド兵)

図21 「天津城南門ノ第二門」(同より)

「天津城南門ノ第二門」は、上部が破損し、下部には焼け跡のあるレンガ造りの門を、上部の破損箇所を中心にして真正面からとらえた写真である。藤井の活躍は、事変当時、メディアによく取り上げられていたが、この写真は、目の前に壁が迫り、戦闘の激しさや彼の活躍に思いを馳せさせるようなものである。柴田の写真には、ロングショットで遠望までとらえたものもあるが、正面にすえた被写体に近付いて、被写体の状況を細かく写し出したものが多い。被写体を絞って、その細部までを明瞭に写し出した柴田の写真は、より強い臨場感をもって、戦闘後の惨状を受け手に訴えかけてくる。

その他の『北清事変写真帖』

柴田・深谷以外にもう一人、『北清事変写真帖』と銘打った写真帖を出版した写真師がいる。明治天皇のご真影を撮影した丸木利陽（まるきりよう）の実弟で、山本誠陽（やまもとせいよう）という。彼は、北京が陥落（かんらく）した後、各部隊の慰問のために清国に赴く岡沢精（おかざわくわし）侍従武官長（明治三三年八月二〇日出発）に随行して、写真撮影にあたった。山本の写真もいくつか『太陽』および『東洋戦争実記』に掲載されているが、各国の将校団や日本兵の記念写真のようなものが中心である。誠陽は、北京に籠城した写真師山本讃七郎（やまもとさんしちろう）の写真も加えて、『北清事変写真帖』を編み、宮内省に献納したのち、一般に売り出したようである。

さらにもう一種類、第五師団司令部撮影の『北清事変写真帖』（三五年四月）が刊行されている。これは、全一三三ページに各ページ三〜四葉の写真が収録されている大部なもので、「SOUVENIR OF THE ALLIES IN NORTH CHINA」という英文タイトルが付いている。第五師団では、前年の一二月に陸軍部内に向けて同名の写真帖を予約販売しており、この写真帖は、それを連合国各軍向けの記念品として編み直したものではないかと思われる。山本誠陽の写真も入っているが、他の撮影者は不明である。内部向けのものは、「第一類列国軍の状態二〇二枚、第二類北清地形戦闘地等二四三枚」が収められており、列国各軍の武装・器具および北清戦場の地形や建造物など、資料として参考になるものが多いとされている。

『東洋戦争実記』の刊行

『東洋戦争実記』は、明治三三年（一九〇〇）七月五日に創刊された。菊判、口絵写真八ページ・読物一二八ページ、定価一〇銭、月三回刊で、同年一二月二三日までに一八編を発行した。そのうち、第一四編（三三年一一月三日）は、服部宇之吉の「北京籠城日記」である。さらに、翌三四年に第一九・二〇編として「北清戦史」上・下を定価五〇銭で発行した。

内容は、戦闘その他の出来事を伝える「東洋戦争実記」、「東洋の風雲」という名士たちの談話や意見あるいは論説、「東洋地理」や「清韓事情」といった解説記事の他、「軍事小説」や「時事諷詠」「内外彙報」などであり、「英杜戦争」としてボーア戦争の報道・解説も掲載されている。『博文館五十年史』稿本第四編（坪谷水哉、昭和一二年）によると、『日清戦争実記』や『日露戦争実記』ほどには売れなかったようだが、第一編は四版を数えたという。口絵写真の種類は大きく分けて、三つある。肖像写真、戦闘の跡地や占領の状況を伝える戦地写真、各地の風景や風俗・建物・軍艦などの資料的な写真の三種類である。

『東洋戦争実記』の編集方針は、『日清戦争実記』同様、各新聞の報道を整理しながら、戦争の実相を伝えるというもので、各戦闘については号を追って、速報から次第に詳しい経過が掲載されるようになる。また、活躍した軍人を軸に構成していくという手法も同じであり、例えば、第一編では海軍陸戦隊の隊長で、大沽砲台攻略戦で戦死した服部雄吉少佐が取り上げられている。陸軍部隊が到着するまでは、海軍の陸戦隊が連合軍の一員として戦闘に参加していたのだが、列国環視の中で勇敢に戦って戦死した服部が、「実記」「伝記逸事」だけでなく、「軍事小説」の主人公ともなり、「時事諷詠」にも登場する。口絵にも、服部自身が撮影した写真とともに肖像写真が掲載されている。

北京制圧の前日に発行された第五編（三三年八月一三日）には、北京の義勇隊を率いて戦い、戦死した陸軍の安藤辰五郎大尉が、肖像写真とともに「実記」「伝記逸事」で紹介されている。その他、肖像写真や伝記には、日本人の民間人籠城者や外国軍の将校なども登場する。また、肖像写真とその将兵の活躍した場所の写真を、コラージュ的に組み合わせる試みもなされている。

読物の変化

戦地写真については次に述べるが、北京制圧により軍事行動がいちおう終結したことを受けて、第一〇編（明治三三年一〇月三日）あたりから、読物の内容の比重に変化が表れてくる。北京籠城記や新たな軍事作戦に関する記事もあるが、第一〇編以降では、清国の処分の仕方や講和の行方、今後の経済・貿易問題、各国の動静などが中心となってくる。特にロシアの満州占領については、清国人への暴虐行為も含めて、毎号のように関係記事が掲載されている。ロシアの義勇団の写真など、ロシア関係の写真もいくつか掲載されている。

また、編集者の坪谷水哉が、現地情勢の視察のため九月半ばに渡清しており、彼の報告記も掲載されるようになる。さらに『東洋戦争実記』では、日本人による解説・論説だけでなく、外国メディアの論調も随時紹介されていた。同誌では、戦死将兵たちの肖像写真と「忠勇美談」によって、彼らを顕彰することも続けてはいる。しかし、後半においては、それを軸に戦闘を伝える戦争報道雑誌の意味合いは薄れた。各国の思惑が顕在化する状況の下、同誌の主眼は、清国をめぐる情勢を分析し、解説することに移っていった。

海軍軍人たちの戦地写真

『東洋戦争実記』が戦地写真を最初に掲載したのは、第三編（明治三三年七月二三日）である。これは、『風俗画報』の『支那戦争図絵』第一編（三三年八月五日）に義和団事件の石版画が掲載されるよりも早い。ここには、折込ページに九点の写真が掲載されているが、これらの写真を撮影・寄贈したのは、軍艦笠置（かさぎ）陸戦隊付の軍医鈴木三作である。

戦闘開始当初の大沽・天津の戦闘に参加していたのは、海軍陸戦隊の将兵たちであったが、その中には、先の服部中佐や鈴木軍医など、写真術を心得た軍人がいた。第四編（三三年八月三日）以降にも、鈴木の他、軍艦吉野（よしの）機関中監関重忠（せきしげただ）、軍艦愛宕（あたご）乗組の小里海軍少佐などが、写真を寄せている。

彼らの写真は、陸軍の地形の写真とは異なるが、ロングショットで広い範囲をとらえた説明的なものが中心である。関の「大沽北砲台の光景（我陸軍兵上陸の当時）」（第四編）など、戦闘後ではないものもあるが、戦闘後の破壊状況が多く、大沽砲台、天津の城門周辺や日本領事館付近、フランス租界（そかい）の市街地などの破壊状況がとらえられている。第六編（明治三三年八月二三日）に掲載された鈴木の「落垈附近義和団団匪死屍横臥」は、死屍が小さくわかりにくいが、「天津三井洋行附近家屋の小銃弾痕」では、まだ建物から煙が上がっており、戦闘直後の生々しい情景が伝わってくる。海軍関係者の写真は、各軍艦の乗

図22　「天津戦後の光景」（鈴木三作撮影，『東洋戦争実記』第６編より）

組員たちの記念写真のようなものもあるが、戦闘の最も近くにいる人間だからこそ撮れた臨場感と速報性がある。

義和団事件の視覚化

柴田常吉が撮影した第五師団の出発の様子は、『東洋戦争実記』第四編に掲載されたが、柴田の戦地写真が登場するのは、第八編（明治三三年九月一三日）からである。海軍関係者以外の写真でも、各地の破壊状況が中心だったが、それとともに占領地を守る各国軍兵士をとらえたものも多かった。

前者は、『北清事変写真帖』同様、動かない被写体に迫って、破壊状況から戦闘の激しさを伝えるようなものである。柴田の写真の他に、第一一編（三三年一〇月一三日）からは、山本讃七郎や山本誠陽、あるいは坪谷水哉が撮影した写真が掲載されている。讃七郎撮影のものには、義和団事件前の北京の風物などもあるが、第一二編（三三年一〇月二三日）に掲載された籠城者の集合写真「北京籠城諸氏」（八月一六日撮影）や戦闘直後の惨状をとらえた「粛親王（しゅくしんのう）府戦後の破壊」のように、籠城者だからこそ撮影できた写真がある。

後者の各国軍兵士もまた、記念写真的な静止像が多い。各地の守備隊や兵站部の行動・作業そのものよりも、その地の情景を撮ることを主眼としていたようで、前述の演習写真のように将兵の動きをとらえた写真ではない。

とはいえ、柴田の撮影あるいは他からの寄贈も含めて、列強各国の将兵、インド兵やサイゴン兵などの植民地兵、上海の日本人義勇兵など、さまざまな将兵団の写真が掲載されている。これらの写真は、記念写真的ではあるが、義和団事件が各国連合軍の戦いであり、日本がその一員であったことを視覚的に理解させる。柴田の「天津停車場に於ける日本兵と米兵」（第一五編、三三年一一月二三日）などは、日本が列強とともに戦ったことを印象付けるし、キリスト教の十字の墓と日本の卒塔婆が混ざり合って立っている「天津聯合軍士官墓地」（第一三編、三三年一一月三日）も、義和団事件を象徴する写真であろう。

新たな撮影者たちと彼らの目的

義和団事件においては、日清戦争の写真と異なり、無味乾燥な地形写真や何が写っているのかわからないような戦況写真はない。この変化の要因は、レンズなどの性能の向上もあろうが、撮影の目的の違いが大きいように思われる。鈴木三作軍医は、「公務の余暇撮取して自己の紀念に供せんと」して撮影したものを、自分たちの安否を知ろうとする同胞諸氏に示すために送ると記している（「天津戦況写真説明」『東洋戦争実記』第三編）。つまり、軍用の専門的な写真ではなく、一般的な記録としての写真、あるいは人々に出来事を伝えるような写真が中心になってきたのである。

陸軍の軍用地図やその他の資料を作成するための写真も必要であろうが、その目的あるいはそのための技術を持った撮影者から離れたため、『東洋戦争実記』では、一般に向け

図23　「粛親王府戦後の破壊」(山本讃七郎撮影,『東洋戦争実記』第12編より)

図24　「天津停車場に於ける日本兵と米兵」（柴田常吉撮影，同第15編より）

た再現性が高まり、わかりやすくなっている。『東洋戦争実記』は、日本軍将兵が活躍した北清の戦場の跡地とそこを占領する各国軍の将兵たちの姿を見せながら、戦闘、そして外交交渉を通して、列強の一角に加わっていく日本を伝えたといえよう。

日露戦争と写真報道

日露戦争と写真帖

日露戦争と国際社会

日本は日清戦争以前からロシアに脅威を感じていたが、義和団事件に乗じてのロシアの満州占領は、その危機感をいっそう強めさせた。日本の為政者たちは、ロシアが満州を足がかりに韓国を手中に収めれば、日本そのものの存亡も危ういと考えていた。ロシア軍が鴨緑江西岸に進出し、韓国北部をうかがう動きを見せる中、ロシアへの対策が急がれた。

一方イギリスは、清国だけでなく中近東・インドにおいても、南下政策を進めるロシアと対立していた。そのため、「極東の憲兵」日本と結ぶことでロシアを牽制し、清国における自国の権益を保持しようとした。思惑の一致した日英両国は、明治三五年（一九〇二）一月に日英同盟を結ぶ。同条約でイギリスは、韓国における日本の特殊権益を認めたが、しかし、当然のことながら、日英同盟は日露の対立を先鋭化させた。日露双方に戦争を回避しようとする勢力もあったが、強硬派が次第に勢力を強め、明治三七年二月八日開戦となる。

日露戦争においては、武力で戦ったのは日露両国であったが、列強各国がそれぞれの事情から両国を支えていた。満州の門戸開放・機会均等を唱えるアメリカは、日英に肩入れし、露仏同盟を結ぶフランスは、ロシアを支援した。ドイツは親露的であったが、露仏同盟を分断したいという思惑があり、両陣営を視野に入れて動いていた。それゆえに日露戦争の戦況は、世界中で報道された。列強各国が日露戦争をいかに報道したのかは、山田朗『世界史の中の日露戦争』(『戦争の日本史』二〇、吉川弘文館、二〇〇九年)に詳しいが、その報道は外債の募集にも大きな影響を与えた。戦艦や兵器も欧米各国で製造されたものが使われていたが、報道戦・経済戦においても、列強各国が深く関わっていたのである。

日本は、各戦闘においては勝利を収めながらも、国力の限界に達しており、明治三八年六月、アメリカに講和の調停を要請する。これを受けたアメリカが講和を呼びかけ、九月五日ポーツマス条約が結ばれる。周知のように、賠償金も領土も獲得できなかったことに憤激した民衆によって、日比谷焼打事件が起こされたが、韓国に対する日本の支配権をロシアに認めさせることには成功していた。つまり、戦争の最大の目的は達成されていたわけである。さらに、満州からの両国の撤兵と、ロシアが清国から得た遼東半島の租借権および東清鉄道南部支線（長春―旅順間）の譲渡も認めさせた。日本は列強の了解の下、韓国を保護国とし、南満州の経営に乗り出す。列強の仲間入りを果たした帝国日本は、これらの地を足がかりに、さらなる膨張を図っていく。

ここでは、日露戦争の経過について、本書と関係することのみ記しておきたい。

日露戦争の経過

日本の開戦当初の目標は、ロシア太平洋艦隊の主力艦が集結する旅順艦隊を撃滅して、黄海の制海権を握り、陸軍部隊を遼東半島に上陸させることであった。開戦にあたって、陸軍では、韓国に上陸し、陸路を北上して清国に入る第一軍（司令官黒木為楨）と、遼東半島に上陸して、ロシア軍主力を攻撃する第二軍（司令官奥保鞏）が編制されていた。

明治三七年（一九〇四）二月八日、日本は仁川でロシア砲艦を攻撃し、陸軍兵士（第一軍の一部）を上陸させる。陸軍兵は翌九日、ソウルを占拠した。二月一〇日に日露両国は宣戦を布告し、一一日に大本営が設置される。〝ロシアの行動によって危急に瀕している韓国を救う〟とうたった日本は、韓国皇帝から依頼を受けた日本軍が韓国に駐留して、韓国のために戦うという形式を整えるため、二三日に「日韓議定書」を結ばせる。韓国は開戦以前、中立を宣言していたが、これにより、日本が軍略上必要とする土地や労働力を提供することを余儀なくされた。

二月八日には旅順港内でも攻撃が開始されたが、こちらはそれほどの成果を挙げられず、黄海の制海権を掌握するにはいたらなかった。一方、陸軍第一軍主力は韓国への上陸を開始し（三月一〇日）、韓国と清国の国境であり、対岸にはロシア軍が集結する鴨緑江に向かう。五月一日、鴨緑江渡河作戦を成功させた第一軍は、ロシア軍を追撃しながら、遼陽を目指して北西へ進む。

海軍はその後、旅順のロシア艦隊を旅順港内に封じ込めるため、三回にわたって閉塞作戦を実施するが、成功にはいたらなかった。そのため、第二軍の上陸は五月にずれ込んだが、五月末には南山・金州を攻略し、大連も占領する。これによって、旅順のロシア軍は北方の主力軍と分断された。ここで陸軍は、第二軍を編制し直し、旅順攻略の第三軍（司令官乃木希典）を新設した（五月三一日）。新第二軍もロシア軍と各地で戦いながら、遼東半島を北上し、遼陽を目指した。

大本営は、六月二〇日に満州軍総司令部（総司令官大山巌）を設置した。同司令部は、在満各軍を現地で指揮するための機関であったが、実質的には参謀本部が丸ごと現地に移ってきたようなものであった。さらに三〇日には、第一軍と第二軍の中間を進んでいた第一〇師団に第五師団を加えて、第四軍（司令官野津道貫）が編制された。第一・二・四軍が戦った遼陽会戦は、八月二五日から九月四日まで続き、日本が同地を占領する。一〇月の沙河(さか)会戦の後、両軍は沙河をはさんで冬を越した。

周知のように、旅順攻略は難渋をきわめ、三回の総攻撃を経て、明治三八年一月一日、ようやくロシアを降伏させる。これを受けて一二日、第三軍が編制し直され、鴨緑江軍が設置される。これらの軍も北上し、三月一日全軍を挙げて奉天(ほうてん)大会戦が始まる。同会戦は、一進一退を繰り返したのち、一〇日になって日本が占領に成功する。

旅順要塞の攻略により、日本はようやく旅順艦隊を撃滅することができた。その後海軍は、バルト艦隊を迎え撃つ準備に入る。日本海大海戦は、五月二七・二八日にかけて戦われ、日本軍の勝利に終わる。この勝利を受けて、講和の動きが本格化するが、講和に向けて樺太(からふと)の占領が企てられ、七月には樺太への攻撃が始まる。同月二九日、日本は樺太全島を占領した。

この大戦争を戦うため、陸軍は、現役・予備役に加え、後備役(こうびえき)・補充兵役・国民兵役からも兵員を召集した。明治三七年九月には徴兵令(ちょうへいれい)を改正して、後備役を五年から一〇年に延長し、さらなる兵力の動員を図った。しかしこのため、妻子を持ち、家計を支える壮年男子や未教育の兵士が戦地に送られることになった。日清戦争時の総動員兵力は二四万人あまりだったが、日露戦争に動員された陸軍の兵力は約一〇九万人であった。そして、そのうちの八万あまりが戦死・戦病死を遂げ、約一四万人が戦傷者となった。

大本営写真班の従軍

陸軍首脳部は、日露戦争に際しても、当初は写真記録の必要性を認めなかった。日清戦争にも従軍した小倉倹司（おぐらけんじ）の説得により、大本営写真班が結成されたのは、開戦から三ヵ月たった五月の半ばである。

まず、小倉と陸地測量手の吉田市太郎、それに雇員小幡鉹老・田淵次郎吉・保坂幸太郎が、続いて、雇員森金周学・山崎栄喜造・中村耕作が、大本営写真班付を命じられた。彼らは、五月末から六月にかけて戦地へ出発する。九月には大塚徳三郎（おおつかとくさぶろう）と浅井魁一（あさいかいいち）が、さらに翌三八年（一九〇五）一月には斎藤次朗が加わる。大塚と浅井は第三軍付であったが、その他のメンバーは、小倉によって適宜第一～四軍に振り分けられた。小倉によると、兵隊の中から写真師を集めてもらって、手不足を補うこともあったという。

大塚と浅井は、陸地測量部の依頼を受けて、小川一真（おがわかずまさ）が差し向けた。大塚は、小川写真館最古参のベテラン写真師である。田淵は日清戦争時にも大本営写真班員として従軍しており、森金も亀井茲明（かめいこれあき）の助手として従軍していた。斎藤は東清鉄道の写真技師を経て、ハルビンで写真館を開業していた。小幡は陸地測量部に勤務経験があったようだが、他の雇員の経歴は不明である。なお、樺太軍には、横田雄寿という写真師が派遣されている。

小倉は、「日露戦争激戦写真撮影苦心談を当時の写真班長に訊く」（『アサヒカメラ』一九巻四・五号、昭和一〇年）や「陸軍従軍写真班の先駆―日露戦役の大本営写真班に就て―」（『報道写真』四巻二号、昭和一九年）などで、当時のことを語っている。それらの証言によれば、カメラは、各軍に四つ切とキャビネが一つずつあてがわれ、四つ切・キャビネ、それぞれ約三〇〇〇枚を写したという。他に各自、手提げカメラも持参したらしい。ガラス乾板とともにフィルムも使用したが、後者にはまだ不安定なところがあり、その分前者にやや比重があった。当初カメラは、陸地測量部にあったものを持っていったようだが、明治三七年八月には約一三〇〇円の「望遠鏡写真器」を購入している。一三〇〇円は、写真班編成時の器材一式の予算にほぼ匹敵する。『征露写真画帖』（第七巻、三八年一月一〇日）では、「大本営が今回新たに外国より購入せる数千金の世界最精巧の写真機によりて、而も普通人の往く能はざる場所に出張して撮影せられたるもの、精麗絶妙決して他に見るを得可らず」と紹介している。

小倉は、写真班の任務については、「独り戦況を写すのみでなく、戦時軍隊の行動、扨ては輜重、電信電話より敵の堡塁等総て後日軍事上の研究に資するものは、漏さず撮影して置く」ことだったと述べている（「日露戦争従軍の思ひ出」『アサヒカメラ』二四巻六号、昭和一二年）。そのため、戦闘の合間にも写すものは多く、多忙を極めたという。

〝公式記録〟『日露戦役写真帖』

小川一真と軍部のつながりについては前述したが、『日露戦役写真帖』を製版・印刷・出版したのも小川である。日清戦争同様、陸地測量部では、大本営写真班が撮影・送付してきた写真を選択し、著作権（明治三二年「著作権法」制定、「写真版権条例」を引き継ぐ）を設定したうえで、『日露戦役写真帖』に収めることを許可した。小川は許可された写真を順次刊行し、明治三七年（一九〇四）一〇月から三九年三月にかけて、全二四巻（第一軍三冊・第二軍六冊・第三軍八冊・第四軍三冊・樺太軍二冊・鴨緑江軍二冊）を発行した。小川はその出版にあたって、大本営写真班の従軍は「大本営の計画に基くもの」であり、その写真は「国民の紀念として永久に伝ふ可きもの」と述べている（「例言」『日露戦役写真帖』第一巻、明治三七年一〇月一七日）。大本営写真班の写真は、新聞や雑誌にも掲載されたが、三井圭司が指摘するように、『日露戦役写真帖』は、一般に販売された日露戦争の公式記録写真集のようなものであった（「日露戦争における陸軍陸地測量部の写真」小沢健志編『写真日露戦争』ちくま学芸文庫、二〇一〇年）。

各巻ともB４判大で、一ページに一点ずつ、計三〇点ほどの写真を収録しており、コロタイプ印刷の上製は二円、網版（あみはん）印刷の並製は六〇銭であった。全写真に日本語と英語のタイトルとキャプションが付けられており、KELLY WALSH, Ltd. という代理店を通して、上海・香港・シンガポールでも販売された。また、この二四巻をもとに合本・再編された写真帖が、いくつか出ている。

戦況写真の臨場感

小倉の証言どおり、『日露戦役写真帖』の内容は多岐にわたっているが、その中心にあったのは、戦闘そのものや将兵たちの作業や移動である。地形の中に将兵の姿が組み込まれているような写真もあるが、日清戦争期には多かった地形の俯瞰写真や、砲台などの設備や建物だけを撮影したものは少ない。ただ、第三軍の旅順要塞戦の写真については、ロシア軍の砲台への砲撃など、広い区域をとらえた写真も多い。

他の軍のものでも、非常に高いところから俯瞰していて、兵士たちの姿をとらえにくい写真もあるが、「シャオシャンズイ東南方高地ニ於ケル歩兵第二十一聯隊第一大隊ノ苦戦」（第四巻）や「後備歩兵第二十九聯隊第三大隊ノ焼達勾ニ於ケル戦闘」（第六巻）など、戦闘態勢に入って銃を構える兵士たちを低い位置で撮影した写真からは、その場の緊迫感が伝わってくる。また、「東鶏冠山砲台半腹ノ塹壕ニ向ヒ歩兵第十二聯隊一部ノ突貫」（第一二巻）は、浅井魁一が向いの山の銃眼から撮ったものと思われるが、白煙の中を走る兵士たちの姿をとらえており、戦闘の現実を生々しく写し出している。

これらの写真は、錦絵のような華やかさはないが、戦闘中あるいは戦闘直前の兵士た

図25 「東鶏冠山砲台半腹ノ塹壕ニ向ヒ歩兵第十二聯隊一部ノ突貫」
（浅井魁一明治37年11月26日撮影，『日露戦役写真帖』第12巻より）

ちに肉薄し、最前線で見える戦場を実見させ、その場に望むような興奮を受け手にも経験させるような写真である。砲弾の爆発などを含め、戦闘を間近でとらえた写真は、大本営写真班であるからこそ、撮影できたものであった。

演出写真と写真の美しさ

しかし、その一方で、戦闘後あるいは戦闘の準備中に撮影した演出写真と思われるものもある。例えば、「唐家堡子南方ノ我陣地ヨリ長勝堡敵陣地ノ砲撃」（第一五巻）は、構図的には芸術的な写真で、前景に臼砲とそれを操作する兵士の一団があり、中景から後景にかけて、いくつもの臼砲がリズミカルに点在しながら遠く小さくなっていく。全体の陣形と前景に大きく写し出された兵士たちによって、臼砲の攻撃の仕方が大体イメージできるのだが、前景の兵士たちはそのためにポーズを付けられたようで、その動作はどこかぎこちない。

また、一人用の塹壕兼敵の落とし穴を写した「箭楼子ノ北方ニ於ケル掩堡及狼穽」（第三巻）では、その中に兵が入っているため、その大きさがよくわかる。しかし、明らかに、戦闘中ではない。「風旗堡東北高粱畑中ニ於ケル我下士斥候」（第四巻）でも、高粱畑の中に並んでいる下士官たちをすぐ近くから撮影しているのだが、斥候の任務は敵の様子を探ることであるから、現実の斥候とは考えられない。

これらは、それぞれのものや事柄を説明するために、将兵たちにポーズをつけた演出写

図26 「唐家堡子南方ノ我陣地ヨリ長勝堡敵陣地ノ砲撃」(大本営写真班明治38年2月3日撮影，『日露戦役写真帖』第15巻より．なお，撮影日については，英文では3rd March（3月3日）となっており，また，明治39年2月に発行された『日露戦役写真帖』第四軍でも3月3日撮影になっている)

真であろう。最初から特定の意味を表すために作られた写真であるから、当然、作品性・芸術性は高い。これらの演出写真も、小倉のいうとおり、「後日軍事上の研究に資する」ために必要なものだったのであろうし、前に述べたように、当時としては特異なことではなかった。しかし、具体的事実を踏まえた〝事実に準じる記録写真〟というものではなく、亀井茲明（かめいこれあき）の写真とは異なる。

『日露戦役写真帖』においては、兵士たちの作業を撮ったものでも説明性は高い。防禦（ぼうぎょ）工事や架橋作業をとらえたものでは、ロングショットで地図写真的な側面を持ちつつ、作業にあたる兵士たちに焦点をあて、どこでどんなことが行われているのかを知らせている。これらは、おそらくその作業中に撮影したものであろうが、演出写真でも、そうでなくても、『日露戦役写真帖』の写真は一義的である。つまり、一つの写真が写し出すテーマを一つに絞り込み、そのテーマを写し出すことに専念した写真なのである。したがって、ノイズの少ない洗練された写真となっており、写真としても美しい。

〝公式記録〟の作るイメージ

とはいえ、そこに問題がないわけではない。演出写真と思われるものにしろ、実際に作業中や戦闘態勢に入ってから撮ったものでも、日本軍将兵はほとんどの写真で整然と任務を励行している。多少雑然としたものや露営で寝転んでいるような写真もあるが、それは少数で、兵士たちが集団で山を駆け上がったり、走りながら砲を運搬するところをとらえたものなどでは、スピード感や力強さも表現されている。

『日露戦役写真帖』全体から感じられる日本軍のイメージは、規律正しくひたむきで、かつ力のある近代的な軍隊である。演出写真においては、それをいっそう意図的に演じているように見えるが、送り手たちは、これらの写真によって、日本の正しさをイメージさせ、内外の日本支持の気運を継続させようとしていたのではないかと思われる。『日露戦役写真帖』の写真を選んだのは陸地測量部であるが、日露戦後に陸地測量部が発行した小川一真の勲績明細書には、この写真帖の発行により「挙国一致の実を全ふ」したことも、功績の一つとして挙げられている。また、英文が併記され、海外でも販売されているということは、対外世論への配慮もあったということであろう。

ロシア側の被害状況の写真は、内外に向けて日本の勝利を知らせるものであるが、ロシア軍の負傷兵に対する救護や戦死者の埋葬などは、諸外国に向けて日本の人道性や文明性をアピールするものとなろう。『日露戦役写真帖』では、日本軍将兵に比して、ロシア兵捕虜の方が自然体である。また、占領後の清国の情景は賑やかで、人々も伸びやかである。それらもまた、日本の彼らへの対処の仕方の正しさを思わせる。

一方で、野に斃れる戦死者たちの写真は、取り除かれていった。「二百三米高地東北隅半腹塹壕内ニ於ケル露兵戦死ノ光景」は、大塚徳三郎の傑作として、現在、手近に求められる日露戦争関係の写真集には、ほぼ必ず掲載されているが、この写真や「西岔溝(せいたこう)ノ東方畑地ニ於テ歩兵第三十六聯隊第一一中隊ノ敵弾ニ斃(たお)レタル光景」（原剛監修『秘蔵日露陸戦写真帖　旅順攻防戦』柏書房、二〇〇四年）は、『日露戦役写真帖』には入っていない。塹壕内に折り重なって死んでいるロシア兵たちの無残な死に様や、畑の中に延々と続く日本軍戦死者たちを記録した写真は、送り手が作りたいイメージからははずれていたのだろう。また、内外世論に悪影響を及ぼす危険性もあったと思われる。そのため、陸地測量部では掲載を許可しなかったのではないだろうか。

隠された小倉の傑作

大塚徳三郎の傑作は最初から掲載されなかったが、小倉倹司の傑作といわれている「大石橋(たいせききょう)ノ戦闘ニ於ケル名誉ノ戦死者」（第一巻）の取り扱いには、軍部の操作の跡が見てとれる。

第三師団の吉見朝吉中尉以下九名の戦死者（そのうちの二、三名は顔も見える）が丘の斜面に横たわるこの写真は、明治三七年（一九〇四）一〇月一七日に発売された最初の『日露戦役写真帖』第一巻には掲載されていた。しかし、京都大学附属図書館に所蔵されている同年一二月一日発行の合本『日露戦役写真帖』（第三巻の出版と同時に第一巻から第三巻までを合本・出版したものと思われる）に収められているこの写真には、緑色の紙が貼られていた形跡がある。京大図書館所蔵本では、写真の全容がほぼ見えるほど、その紙がはがされているのだが、紙を貼っていた跡もはっきりと残っている。目次にはタイトルがあるので、当初はそのまま出版されるはずであったのが、急遽、紙を貼って見えなくしたのではないかと思われる。その他の大学・公共図書館所蔵のものの中にも、同じように緑色の紙が貼られて、閲覧できないようにされたものがいくつかあり、当局の指示があったものと推測される。それが、明治三九年二月二六日に出版された合本『日露戦役写真帖』第二軍では、他の写真（「占領後ニ於ケル營口守備隊宿舎ノ守衛」）に差し替えられている。

この写真が隠された理由も、いつから隠されたのかも判然としないのだが、少なくとも次のことはいえる。陸地測量部では、当初この写真を公表していながら、一ヵ月半後には紙を貼って見えないようにし、戦後にはまったく異なる写真に差し替え、この写真の痕跡さえ消し去った。これも国内の士気や日露戦争の記憶への影響を考えての操作だったのではないかと思われる。

大本営写真班としては、戦死者たちの無残な姿も撮影していた。その中にはこの写真のように、「非命の死者」たちの声なき声が、優れた写真表現の中に写しこまれているようなものもあった。しかし、それらの写真は、軍中央によって次第に隠蔽されるようになり、日露戦争に対する負のイメージは、封じ込められる方向へ進んでいったのである。

図27 「大石橋ノ戦闘ニ於ケル名誉ノ戦死者」(小倉倹司撮影，京大図書館所蔵本『日露戦役写真帖』より，京都大学附属図書館所蔵)

図28　閲覧できないように紙が貼られた同写真
（一部がはがされている，秋田県立図書館所蔵）

海軍では、陸軍のような写真班は結成されず、市岡太次郎や関重忠など数人の軍人たちが、個別に写真撮影を行なっていた。彼ら海軍軍人たちの写真を集めた写真集も、いくつか出版されているが、小川一真は、『日露戦役写真帖』と同じ体裁で、『海軍省認可　日露戦役海軍写真帖』も刊行している。

『海軍省認可 日露戦役海軍写真帖』

『日露戦役海軍写真帖』は全四巻で、第一巻（明治三八年四月）・第二巻（三八年六月）・第三巻（三八年七月）は、根拠地に集合する艦隊や艦隊運動、敵艦の破損状況などを撮った写真を収めており、最後の第四巻（三八年一二月）は、明治三八年（一九〇五）一〇月二三日に行われた観艦式の写真を集めたものとなっている。四巻とも三〇点前後の写真を掲載して販売された。同年一二月には、これら四冊分の一一七点の写真を収録した『海軍省認可　日露戦役海軍写真帖』が売り出された。

海を進む艦隊はそれだけでも絵になるが、その一方で、敵艦の降伏や捕獲といった事柄は、写真では表しにくい。そのために、海軍の写真では、そのような出来事を撮った写真もあるものの、波しぶきや煙の流れ、あるいは他の艦との位置関係などで動きやスピード感、あるいは艦隊の勇壮さを表現することが中心になっている。つまり、演習写真的なのである。

図29　「八月十日ノ黄海大海戦」(芦野海軍教授撮影,『日露戦役海軍写真帖』第2巻より)

『日露戦争写真画報』（博文館）の投書欄には、海軍の特集号を希望する声も多く、博文館では、明治三八年五月二〇日に臨時増刊号『海軍戦捷紀念帖』（第二三巻）を刊行している。その前月に出された『日露戦役海軍写真帖』第一巻も、国民のそういう希望に応え、海軍後援の気運を盛り上げることを意図したものと思われる。第二巻には旅順港で沈没させた敵艦の写真がいくつかあり、第三巻は、日本海大海戦で降伏して捕獲された、敵艦「アリヨール」の破損状況の写真が中心となっている。日本海大海戦の記憶がまだ新しい中で出版された第二・三巻は、海軍の戦勝、活躍の記憶を定着させるものであったのではないだろうか。

光村写真班の従軍

海軍については、光村写真班の写真集『日露戦争旅順要塞戦紀念帖』（神戸光村写真部、三八年八月）も出版されている。光村利藻は、明治三七年（一九〇四）一〇月に海軍から旅順方面の戦況写真の撮影を委嘱され、光村写真部の部員からなる写真班（光村写真班）を派遣した。光村写真班は、海軍陸戦隊の旅順攻囲軍重砲隊付として第一戦に進み、写真を撮影した。

したがって、光村の写真には、陸軍の第三軍の写真と同じような、松樹山や二龍山の砲台爆破や重砲を運ぶ兵士たちの姿も含まれている。有名な水師営会見後の集合写真「水師営の会見」も光村写真班の撮影である。その他に、旅順港内の敵艦の破損状況や大連・旅順の建物や市街、ロシア軍捕虜の姿なども収められているが、光村の写真帖は、写真を枠で囲んだり、写真の外に図柄を入れ込んだりした装飾性の高いものである。

光村は、樺太攻略戦の際にも、配下の写真師を樺太軍援護の北遣艦隊に便乗させ、樺太での戦闘を撮影させた。また光村写真班は、終戦後の海軍の観艦式の撮影にもあたった。

『戦地写真帖』のリアリティー

日露戦争期には、多数の写真帖が出版されたが、その中でおそらく最も早く出版されたのが、『戦地写真帖　鴨緑江戦闘　大本営陸軍幕僚御蔵版』（近事画報社、明治三七年七月）であると思われる。近事画報社は、次節で述べる画報雑誌『戦時画報』を出版していたが、同誌の編集をしていた国木田哲夫（独歩）が、『戦地写真帖』の著作者である。撮影者は第一軍に従軍していた写真師で、北畠忠夫という。

『戦地写真帖』は、小川一真の印刷・出版でないためか、これまであまり注目されてこなかったが、朝鮮半島上陸から鴨緑江渡河作戦に成功・勝利するまでの一三〇点ほどの写真を収録した第一軍の従軍写真集である。確かに大本営写真班の写真のような、戦闘態勢で銃を構えるなどという写真はないが、山道の行軍や架橋などの作業、包帯所での治療、韓国人人夫たちの様子などが撮影されており、中には彼我両軍の戦死者や、その収容・埋

図30 「四月二十六日同上戦死者収容ノ状況」（北畠忠夫明治37年 4 月26日義州元化洞九里島攻撃・占領時に撮影，『戦地写真帖』より）

葬の様子を写した生々しい写真もある。兵士たちも自然体で、その風体・表情はさまざまであり、雑然とした戦場の様子をよく伝えている。現実そのままを写しこんだ多義的でノイズの多い写真帖であり、『日露戦役写真帖』とは対極にあるような泥臭い写真帖ではあるが、それだけにリアリティーがあり貴重な写真集である。

同写真帖に掲載された写真は、後に博文館に売り渡される。博文館の坪谷水哉によると、北畠は第一軍の酒保となっていた美門洋行の写真部として従軍したらしいが、吉沢商店の特派員としても名前が挙がっている。酒保というのは、兵士たちの日用品や飲食物などを販売する業者のことである。第一軍の写真が充実していなかった博文館では、美門洋行から四〇八枚の写真を買い取ったという。

日露戦争期の映画

吉沢商店では、義和団事件に続いて、日露戦争にも従軍写真師を送った。日露戦争では、一二名の写真技師を第一軍に従軍させており、同社の「弊店特派第一軍従軍写真班技師藤原幸三郎氏及清水粂次郎氏等撮影　征露戦争実地写真」という一二五枚の写真のリストの中に、北畠忠夫のものと思われる写真も含まれている（前掲吉沢商店『幻燈機械及映画並ニ活動写真機械付属品定価表』明治三八年）。藤原・清水の二人は、映画技師でもあり、映画も撮影している。

同社のカタログには、博文館から第二軍に従軍した柴田常吉らが撮影した「第二軍征露戦争実地活動写真フィルム」も含まれており、その中に「営口占領当時ノ実況」というフィルムがある。しかし、柴田らとともに従軍した田山花袋(かたい)の『第二軍従征日記』（博文館、明治三八年）の八月一日の条には、「今日活動写真に撮る為めに営口占領の型を守備隊の仕官兵卒に遣つて貰う約束であつた」とあり、彼らの撮影した映画の中には、戦後に再現したものが含まれていたことがわかる。ちなみに、営口の占領は七月二五日であった。

日露戦争のニュース映画は、東京では明治三七年（一九〇四）五月から上映されており、しばしば日延べされるほどの人気であった。前にも述べたが、当時の映画においては、機材も未発達で、写真同様、戦闘そのものを撮影することは難しかった。そのため、後日の再現も〝実況〟として売り出されたのだが、当時においては、受容の構造も異なっており、これは事実を踏まえたものでもあったから、〝実況〟に準じるものとして許容されたのであろう。ともあれ、日露戦争期に、写真や映画といった視覚映像を通して、戦争や時事的な出来事を〝見る〟という経験が、人々の間に広がっていったことは確かである。

日露戦争とジャーナリズム

メディアへの統制

開戦前、東京・大阪の両『朝日新聞』をはじめ、『時事新報』や『大阪毎日新聞』など有力紙の多くは、対露強硬論を唱えていた。和戦両論を併記していた『万朝報』も、明治三六年（一九〇三）一〇月に社論を開戦論に一本化した。そのために、非戦派であった内村鑑三・幸徳秋水らが同社を去り、『平民新聞』を創刊したことは、よく知られている。最も強く開戦を主張していた『朝日新聞』では、その頃から戦争報道の準備にかかっているが、新聞各社はもちろん、博文館や近事画報社などの出版社でも、佐世保や仁川・釜山・芝罘など内外の要地に特派員を送り、開戦に備えた。

民間メディアが開戦に備えて準備を急いでいた一方で、政府・軍部もメディア統制に乗り出していた。大国ロシアとの戦争を控え、政府・軍部にとって、機密漏洩（ろうえい）は最も警戒すべきことであった。

明治三六年一〇月一六日、桂太郎（かつらたろう）内務大臣（首相兼任）は、外交・軍事に関する重要記事の記載はあらかじめ主務省の承認を受けるように、東京各紙に通達した。陸海軍は、翌三七年一月五日に、両軍が許可したもの以外の軍機・軍略に関する事項の記載を禁止し、六日には記事原稿の検閲や記事材料の公示にあたる新聞検閲委員を設置した。

陸軍では開戦とともに「陸軍従軍新聞記者心得」（陸軍省告示第三号、全一四条）を制定した。この従軍心得には、日清戦争期同様、「従軍者は従軍中総て高等司令部の命令に服従し、其の定むる所の規定を遵守（じゅんしゅ）すべし」、「従軍者の通信書（通信文私信電信等を総称す）は、高等司令部に於て指示せる将校の検閲を経たる後にあらざれば発送することを得ず」などと定められていた。

前述のように、日露戦争には列強各国それぞれの思惑がからんでおり、各国の新聞・雑誌記者も従軍を希望して来日した。しかし、機密漏洩を恐れる日本の軍部は、外国人記者たちにも従軍心得を適用させたほか、なるべく彼らを従軍させないように画策した。足止めされた外国人記者たちは、当然不満を唱え、中には帰国する者やロシア側に転じる者などもあった。

従軍記者たちの出発

明治三七年（一九〇四）三月一日、大本営陸軍幕僚は、第一軍への従軍記者たちの出発に先立って、次のような訓示を行なっている。

……其風姿品行等は、操觚者たるの体面を辱めず、慎みて之を保ち、常に陸軍省告示第三号の主旨を服膺し、其進止は毫も軍隊の動作を妨害せず、報告は厳に軍事の機密を守り……内地の士気民心を興奮せしめんことを図るべし……。（『明治卅七八年陸軍政史』第八巻、湘南堂書店、一九八三年）

この訓示の後、第一軍の従軍記者は、三月上旬に順次出発した。しかし、第二軍への従軍はなかなか許されず、七月まで引き延ばされた。七月下旬に第二軍従軍者とともに第三軍従軍者も出発するが、戦局が不利であった第三軍では取締りが厳しかった。『東京朝日新聞』から第三軍に派遣された半井桃水は、「……事心と違ひ要塞戦の経過に就ては通知禁制なり、……検閲は日を追ふて厳しく、成行き其事柄の起りたる月日も場処も軍隊の称号も、将校にありては其氏名も共に明記すること能はざるなり」と記している（三七年一〇月六日）。

さらに、陸軍は一軍一社一名という人数制限を設けた。これに対して、東京・大阪の有力紙は、資金力の乏しい地方紙の枠を借りて複数の記者を送った。とはいえ、写真師や画家をともなうことは難しかったから、東京朝日新聞社や出版社の記者たちは、みずからカメラを提げて従軍した。これを契機にコダックカメラの利用が広がる。

陸軍省編纂『日露戦争統計集』第一五巻（原書房、一九九五年）の「従軍通信員所属部隊別」の表によれば、明治三七年三月から三八年八月までの月別累計で、日本人一四〇名・外国人五二名、計一九二名の記者らが従軍した。

戦争報道雑誌の簇生

メディアはこのような統制を受けてはいたが、開戦とともに新聞は号外合戦を繰り返し、出版社は戦争報道雑誌を次々と創刊して、戦争熱を煽っていった。日露戦争では、陸海軍が記者団に対し、戦況広報をいっせいに公式発表する制度も設けられた。しかし、日清戦争同様、作戦に関する記事は制限されたため、帰還将兵や後送された負傷兵たちの談話や遺家族への訪問記事が新聞紙面を賑わした。日露戦争においても、戦場美談や武勇伝が、「内地の士気民心を興奮せしめ」たのである。

その最たるものが、旅順閉塞作戦の際に戦死した広瀬武夫少佐（死後中佐に昇進）の逸話である。新聞・雑誌には、広瀬の武勇伝や肖像写真、閉塞作戦の報道画が満載された。『日露戦争実記』でも臨時増刊号「軍神広瀬中佐」（明治三七年四月一八日）を発行しており、『風俗画報』の『征露図絵』第四編（三七年四月二五日）も広瀬の特集になっている。〝軍神広瀬〟は、海軍とメディアが協同して作り上げたものだが、国民の戦意高揚に大いに寄与した。

武勇伝や美談は報道画の材料となったが、戦争報道雑誌の多くは、口絵にそれらの報道画や写真を掲載し、戦況をまとめ、解説や論説を付した。小説や講談・詩歌などを掲載するものもあった。さらに、報道画や写真に数十ページをあて、画像を中心にして、読物を添える画報も作られた。画報雑誌は、判型も四六倍判（B5判相当）あるいは菊倍判（A4判相当）と大きく、カラー印刷や鮮明な地図もあり、視覚に訴える作りになっていた。「戦争雑誌の戦争」（『新公論』明治三七年三月号）という記事には、二一種類の雑誌が紹介されているが、そのような記事が書かれるほど、多くの戦争報道雑誌が発行されていた。これらの雑誌は、画像を売り物にして競い合いながら、戦争熱を全国に広げていったのである。また、画報雑誌では、絵や写真のタイトル・キャプションに英文を併記しており、海外の人々が見ても理解できるようになっていた。

日清戦争期と同様に、博文館は『日露戦争実記』（三七年二月二〇日創刊、月三回刊）を、春陽堂は『日露交戦録』（三七年二月一九日創刊、月六回刊）を創刊し、東陽堂は『風俗画報』の増刊として『征露図絵』（三七年二月二五日第一編発行、不定期）を発行した。博文館はまた、『日露戦争実記』の定期増刊として『日露戦争写真画報』（三七年四月八日創刊、月刊）を刊行し、同じように、冨山房も『日露戦報』（三七年二月二〇日創刊、月三回刊）と定期増刊『軍国画報』（三七年四月三日創刊、月刊）を、実業之日本社も『征露戦報』

（三七年二月一七日『実業之日本』臨時増刊として発行、その後独立、月三回刊、三八年一月から月二回刊）と定期増刊『征露写真画帖』（三七年八月一七日創刊、月刊）を発行した。

他に『戦時画報』（近事画報社、三七年二月一八日『近事画報』の臨時増刊として発行、その後改題、月三回刊）や『軍事画報』（軍事画報社、三七年四月二〇日創刊、月刊）などもあった。報道主義に走らず、あくまで論説新聞を貫いていた大新聞（おおしんぶん）『日本』を発行していた日本新聞社も、『日本画報』（三七年六月六日創刊、月二回刊）を発行している。

写真の役割

このように、日露戦争期には多くの戦争報道雑誌や画報が発行されたが、これらの雑誌の特徴は、写真が重要な要素となっていたことである。読物や絵を主とする雑誌でも、口絵に写真が掲げられ、口絵に報道画がない雑誌はあっても、写真のない雑誌はないといってよいぐらい、どの雑誌にも写真が掲載された。それは、印刷技術の進歩にもよるが、受け手である国民大衆の期待・欲求によるものでもあったと思われる。

兵士の大量動員によって、国民大衆は、家族や知人、地域の人々を戦地に送ることを余儀なくされた。人々は、彼ら出征者（しゅっせいしゃ）その人の、あるいはその人により近い情報を求めた。『日露戦争写真画報』（第二〇巻、明治三八年四月八日）に寄せられた「私は中央軍（第四軍—筆者注）従軍軍人の妻ですが、どうか中央軍の写真をもっと沢山出して下さる訳にはゆきませんか（中国女）」という投書は、出征者家族の切実な声であろう。写真は、その人の姿そのものでなくても、その人が送られた地、その人が置かれた状況など、その人をとりまくナマの情報を見せてくれるものであった。それは報道画にはできないことであったし、新聞の写真もまだ少なかった。

兵士を送り出した人々は、国民として国家レベルの戦争ニュースを求めるとともに、個人として家族・知人に関する情報を求めた。戦争報道雑誌・画報雑誌は、その二重の欲求に、手近に応えてくれるメディアであったといえよう。そしてまた、その視覚性は、新聞を購読しない層にも訴求力を持ち得た。

実写画の隆盛

日露戦争においても、画家たちは、新聞報道をもとに想像力を働かせて多くの想像画を描いた。その中心的なテーマは、個人の武勇伝や諸部隊の奮戦であったが、日本人居留民や中国人に対するロシア兵の残虐な行為、あるいは赤十字旗の濫用などロシア兵の残虐性・非人道性を描いたものもあった。

しかし一方では、それら絵画の不正確さが批判されることも多く、日露戦争期には実写画、つまり対象を見たままに写実的に描く報道画が台頭した。想像画においても、正確を期すように努力はしていたようだが、『日露戦争写真画報』の「読者倶楽部」には、従軍画家たちの〝実写画〟を望む声がしばしば寄せられている。他の雑誌においても、次第に従軍画家の〝実写画〟が増えてきており、その人気のほどがうかがえる。これもまた、受け手の〝現地を見たい〟〝正確な情報を得たい〟という欲求の表れであろう。

近事画報社では、次に述べるように、自社で何人かの画家を従軍させていたが、博文館や冨山房でも、寺崎広業・久保田金仙・東城鉦太郎・村田丹陵などの従軍画家から実写画の提供を受けている。博文館では、寺崎・村田と契約しており、戦地から彼らの口絵やスケッチが届くたび、留守宅へ画料を届けていたという。また、出征軍人のスケッチに、画家が手を加えたものなども掲載された。

ちなみに、寺崎・村田あるいは近事画報社の小杉未醒も、カメラを携帯して従軍しており、みずから写真を撮影していた。彼らの絵と写真との関係は定かではないが、写真を実写画の素材としていたことは考えられる。

とはいえ、海戦など写真撮影はおろか実際には見ることができないものもあり、映画同様、従軍画家たちの実写画もまた、必ずしも〝実写〟とはいえない。東城は海軍省の嘱託であり、日露戦争を代表する絵画「三笠艦橋の図」の作者であるが、彼でさえ実戦を見たわけではない。せいぜい海軍に関する知識の伝授や、戦闘後に水雷艇で戦場に行ってスケッチをするなどの便宜をはかってもらった程度だという。どこまでを実写画あるいは想像画というのか、その線引きは難しいが、戦闘を間近にとらえ、受け手が胸躍らせるような絵には、当然脚色が入っているのであり、想像画がなくなることはなかった。

四大画報誌

画報雑誌においては、温度差はあったものの、日露戦争を「満韓を扶植して、暴戻を膺懲するの大義に出」た〝義戦〟（「弁言」『日露戦争写真画報』一四巻、明治三八年一月二五日）、つまり、〝弱きを助け、強きを挫く正義の戦争〟ととらえており、その戦争を写真および報道画を中心にして伝えようとしていた。しかし、一口に画報雑誌といっても、それぞれに異なる写真観・絵画観を持っており、その編集・構成にはそれぞれ特徴があった。

日露戦争期を代表する画報雑誌は、『日露戦争写真画報』『戦時画報』『軍国画報』『征露写真画帖』の四つである。このうち『日露戦争写真画報』については、次章で分析することとして、ここではその他の三つの画報雑誌の特徴について、まとめておきたい。

『戦時画報』の〝目撃〟

『戦時画報』の第一号（明治三七年二月一八日）は、『近事画報』の臨時増刊として発行されたが、第二号（三七年三月一日）から『戦時画報』と改題された。毎月三回（一・一〇・二〇日）の旬刊で、第六八号の「講和三笠画報」（三八年一〇月一日）までが『戦時画報』として発行され（臨時増刊九冊を含む、二二〇〜二二一ページ掲載表2）、以後『近事画報』に復題する。第三一号（三七年一二月一〇日）から判型が四六倍判から菊倍判に大きくなる。それにともなって、構成も変化し、絵画・写真が約二五ページ、読物約四〇ページであったのが、写真・絵画は両面印刷で二〇ページ、読物が二二ページと変わる。価格は一八銭に据え置かれたが、臨時増刊号には少し高価なものがある。

『戦時画報』では、みずからの任務を「我が数十万将士の外征の辛苦と、其の戦功とを写出して、国人に目撃せしめ之をして感奮興起せしむる」ことと述べていた（「注意一読を乞ふ」第九号、三七年五月一〇日）。『近事画報』の発案者である矢野竜渓（やのりゅうけい）は、画報というメディアを通して、人々が戦争をはじめとする世界の出来事を〝目撃〟し、それによって知識を増やすことを期待していた。編集者国木田独歩（くにきだどっぽ）もその考えを踏襲しており、戦争を〝目撃〟することを編集の基軸にしていた。矢野は、作家でもあり、ジャーナリストでもあったが、明治一九年（一八八六）に当時社主を務めていた『郵便報知新聞』の改革に着手し、連載小説や挿絵の挿入によって、同紙の大衆化を進めた人物である。

しかし、彼らは写真を重要視していたわけではない。写真では撮影できないものもあるとして、写真よりもむしろ実写画に重きを置いていた。『戦時画報』の絵画を担っていたのは、小杉未醒ら小山正太郎（こやましょうたろう）の主催する画塾不同舎（ふどうしゃ）で写実的な洋画を学んだ画家たちであり、他に神戸新聞社の従軍記者で絵も堪能であった岡本月村（おかもとげっそん）などからも提供を受けていた。彼らは、客観的で写実的な写生を基本にしながら、絵に特有な誇張と簡略化を加味して、現実の戦場の様子をわかりやすく伝えている。

『戦時画報』では、目撃者からの聞き取りをもとに描いた絵も実写画としているが、それには無理があろうし、また、想像画も含まれている。しかし同誌では、戦場の様子や日本兵たちばかりでなく、使役される韓国人や戦火の中を逃げ惑う清国人、傷ついた馬や犬、辻占(つじうら)を売って父が出征した後の家計を助ける少女などが、暖かいタッチで、そして、ときにはユーモラスに描き出されている。他誌にはほとんど出てこない、戦争に巻き込まれた弱者たちの姿をとらえていることが、『戦時画報』の一つの特徴であるが、それは、小杉ら『戦時画報』の画家たちが現実を〝目撃〟し、それを忠実に描き出そうとしたからこそ生まれた特徴であろう。

『戦時画報』と写真

『戦時画報』が写真に力を入れ出すのは、明治三七年（一九〇四）一〇月頃からで、『遼陽大戦実写帖』（第二四号、三七年一〇月一五日）や『旅順攻囲写真帖』（第三〇号、三七年一二月一日）などが刊行されている。他誌でも同様だが、民間の従軍記者・従軍写真師が撮影できるものは、基本的には戦闘の前後、つまり行軍や物資の輸送、幕営での生活の様子や負傷者の後送、戦闘の準備状況や戦闘後の破壊状況などであり、戦闘の最中のものは、戦闘を観戦する内外の軍人たちなどに限られる。一方で、前述のように、大本営写真班は戦闘そのものを記録することができた。他の新

十月三十日の旅順大砲擊實況

二圖共に十月三十日旅順大砲擊の實寫圖なり（特派員木村半僊子寫生）、上圖は同日午前九時于大山南麓より見たる處、右の高地は有名なる高崎山にして、（イ）は皆な我砲彈發射の煙、（ロ）は我が陸戰隊の陣地、（ハ）は敵彈爆發の状。下圖は同日午後二時前後、木村特派員が高崎山掩堡外に出でゝ彼我の戰況を目撃せる状、（イ）は松樹山砲臺の發火せる黒煙、（ロ）は二龍山砲臺に我巨彈爆發せる煙、（ハ）は我大口徑砲發射の白煙、（ニ）は敵の巨彈が我巨砲陣地附近に落下爆發の状、（ホ）は皆な我左翼方面の大口徑砲陣地より發射の白煙なり。

Both are the scenes of the heavy bombardment on Port Arthur on October 30th. The upper was drawn from the base of Udai-san at 9 a. m. The lower, at about 2 p. m.

椅子山を砲撃の真景」（『戦時画報』第31号より）

図31 「十月三十日の旅順大砲撃実況／攻囲軍の重砲隊

聞・雑誌も含めて、この頃から写真の利用が増え出すのだが、その要因の一つに大本営写真班の写真を掲載できるようになったことがあろう。民間各社では、独自に撮影・収集した写真とともに、大本営写真班など軍部機関の写真も利用している。

前述のように、『戦時画報』では第三一号から、判型の拡大、紙質や印刷の改良などの改革を行なった。写真の増加およびそれに続く誌面の改革は、編集者である国木田独歩の写真への意識が変わってきたことを表していると思われる。

写真は、絵と違って、レンズに写るすべてのものをひとしなみに写す。その再現性こそが、写真のリアリティーである。第三一号からの誌面改革は、大画面で写真に迫力を持たせるとともに写真の細部までを鮮明に見せる、つまり、写真を生かすための改革だったと考えられる。黒岩比佐子も『編集者国木田独歩の時代』（角川選書、二〇〇七年）の中で指摘しているが、独歩は、写真の再現性を生かして、よりリアルに戦地を〝目撃〟できる画報雑誌を作ろうとしていたのではないだろうか。

しかし同誌の写真は、被写体に近付きすぎるなど、概して構図のバランスが悪く、全体としてはあまりうまくない。被写体に近付きすぎると、全体の情景を写し出せなくなり、かえって出来事を把握しづらくなる。全体の情景の中に、中心となるモチーフを浮かび上がらせることができてこそ、出来事を伝える写真となる。また同誌では、海軍関係の写真は、ほとんど掲載されていない。

写真があれば写真を使い、なければ実写画を使うという方針は、結局は変わらず、『戦時画報』の中心にあったのは、最後まで実写画であった。大本営写真班の写真など外部の写真も利用していたが、写真の収集力の弱さと写真の拙さは否めず、そのために誌面の改革を生かしきれなかったように思われる。

絵画重視の『軍国画報』

『軍国画報』は、読物中心の『日露戦報』の定期増刊として、明治三七年（一九〇四）四月三日に創刊された。しかし、同年七月で『日露戦報』は休刊となり、八月からは『軍国画報』に一本化される。月刊で、三八年一〇月までに、臨時増刊一冊（「第二年第二巻　旅順陥落紀念画帖」三八年一月一五日）を含む二〇冊を刊行した。四六倍判で、価格は三〇銭（第一巻のみ二八銭）であった。

同誌では、「軍国画報は丹青の本領に依って軍国の気を鼓舞せんとするもの」（第二巻、三七年五月三日）とうたっており、戦争という「大活劇」を描いた報道画によって、国民の士気を鼓舞することを刊行の目的としていた。そのため、四誌の中で最も報道画が多く、尾竹竹坡・国観兄弟や中沢弘光・一条成美など、当時よく知られていた画家たちの報道画を多数掲載している。また、美術の本領を発揮するために印刷を重視しており、同誌では実用化されたばかりの三色版も採用している。石版・写真版も最新の機械で印刷していたようで、報道画の多さと印刷の美しさが『軍国画報』の売り物であった。しかし、著名の画家のものであっても、前述のように、想像画に対しては批判が出されており、次第に従軍画家の実写画や軍人のスケッチを改描したものなどが増えてくる。

報道画を重視する『軍国画報』では、当初写真は、肖像や風景を撮りうるのみと考えら

從征寫眞畫報
韓國安州における我が軍の兵站部

THE JAPANESE ETAPPE AT AN-JU, KOREA.

滿州安東縣における我が軍需品

PHOTOGRAPHIC REPORTS FROM THE FRONT.

九連城の役に蛤蟆塘における我が軍の鹵獲品

上段右方の圖中に見ゆる韓人は我が軍の雇用せる人夫にして其の一人は食料に供すべき牛を屠れる處、上段左方の圖中に見ゆる鹵獲品は砲車、彈丸車、荷物車、麪包焼車等なるが、これは鹵獲品の一部を示すに過ぎず。下圖は鴨緑江の河口右岸に在る沙濤即ち安東縣現下の光景にして、我が軍の爲には重要なる一地點となれる處三圖とも本社の特派寫眞員宮城静雄氏の撮影に係れり。

JAPANESE TROPHIES AT KO-MA-TUNG.

ANTUNG, MANTURIA.

図32　「従征写真画報」（宮城静雄撮影，『軍国画報』第５巻より）

れていた。そのため、日本人将兵のほか、ロシア人や韓国人の肖像写真や風俗写真的なものが多かったが、写真師宮城静雄や第二軍に従軍した記者山岸直次の写真が届くようになってからは、戦地の写真も掲載される。『軍国画報』では、その写真観に見合うためか、人やものを集めた集合記念写真的なものを多く掲載しているが、宮城はそういうものだけでなく、行軍や陸揚げの様子なども撮影している。宮城の写真は、その場の状況を簡潔に写しこんでいて説明性が高く、そのうえに独特なうまさがある。例えば、「攻囲軍〇〇壕の我機関砲」（第二年第三巻、三八年二月三日）という写真は、機関砲の周りに兵士たちが集まった集合記念写真的なものなのだが、その場の雰囲気や兵士たちの人柄までもが感じられる。

『軍国画報』でも、自社の従軍者たちのもの以外に、大本営写真班の写真や戦地の軍人からの寄贈写真などを掲載しており、次第に写真の数が増えてくる。一年目には、絵画が二〇～二五ページ、写真が約一五ページ、読物が四〇ページという構成だったが、二年目には、絵画と写真の比率が逆転する。

『軍国画報』の見世物性

写真が増えたとはいっても、戦争を「活劇」的に見せるという『軍国画報』の編集方針に変化はなかった。「露探（ろたん）清人夫妻の所刑（ママ）」（第二年第五巻、明治三八年四月三日）は、処刑され、血だまりの中に倒れている「露探」

図33　「露探清人夫妻の所刑」(『軍国画報』第２年第５巻より)

夫妻とその遺体の片づけの様子を見守る清国人や日本兵をとらえたセンセーショナルな写真である。露探とはロシアのスパイのことだが、血に染まった死体と彼らを見守る清国人たちの悲痛な表情が目を引く。この写真については、次章でまた触れるが、一〇〇年の時を越えて、日露戦争とは何だったのかを考えさせる写真である。

また、「仁川港外の沈没露艦」（第二年第二巻）では、開戦時に沈没したロシアの戦艦二隻の、沈没前と爆発と沈没後を対比した組写真を掲載している。視覚的には有効な比較ではあるが、一年前の出来事であり、速報的なものではない。

同誌の主眼は、戦争を報道することや、戦争の現実を〝目撃〟させることよりも、日露戦争を見世物化し、読者の目を引くことにあったように思われる。同誌が描き出していたのは、勧善懲悪（かんぜんちょうあく）的な世界観だが、しかし、見せるための工夫は一様ではなかった。静止像を組み合わせることで、上記のような対比を試みたり、動感を表現することも行われている。あるいは、写真を組んだ上に装飾を施して、華やかなイメージを作るなど、デザイン性においては優れたものもある。講談を絵にしたような報道画、動きのない写真という古さと近代的なデザイン性の両面をもって、戦争を〝見せる〟ところに『軍国画報』の特徴がある。

写真重視の『征露写真画帖』

『征露写真画帖』は、『征露戦報』の定期増刊として、明治三七年（一九〇四）八月一七日に創刊され、三九年二月二〇日発行の「陸軍凱旋写真帖」まで、臨時増刊六冊（二二〇ページ掲載表3）を含む二四冊が発行された。四誌の中で写真の比重が最も大きく、口絵四〇ページのほとんどが写真で、三七年中は本文四〇ページ全てが図像の解説にあてられていた。四六倍判の月刊で、定価は二〇銭であった。発刊が他の三誌よりかなり遅れたのは、写真を主としたからであろう。

実業之日本社でも、旗野摩天記者や写真師の若尾庄司などを従軍させていたが、『征露写真画帖』がその柱にしたのは、大本営写真班の写真である。同誌では、「大本営幕僚及陸海軍高級武官並に内外従軍通信員（露国側に従軍せる外国通信員をも含む）の戦地撮彩に係る写真」を掲載すると述べている（「征露写真画帖の発刊に就て」第一編、三七年八月一七日）。大本営写真班の写真が多くなるのは、やはり三七年一一月頃からであるが、その掲載の日途がたったからこそ、出版に踏み切ったのであろう。同誌では、「大本営写真班撮影」や「旅順攻囲軍攻城砲兵司令部蔵版」など、軍の組織が撮影・所蔵している写真によって戦闘の状況を知らせ、出征軍人や自社の従軍記者・従軍写真師の撮影した、その前後あるいは周辺の状況を付け加えていくような構成を取っている。

『征露写真画帖』ではさらに、外国人観戦武官や外国人従軍記者が撮影した写真が加わ

（大本營秘藏寫眞）

奉天前面沙河大野戰に於ける我野戰砲兵隊の奮戰

十月十七日十家子窪附近に於ける野戰砲兵聯隊一部砲撃の光景

The bombardment of our Field Artillery during the Battle of Sha-Ho.

腰に集合せる我歩兵聯隊」（大本営写真班撮影，『征露写真画帖』第13編より）

図34　「奉天前面沙河大野戦に於ける我野戦砲兵隊の奮戦／新立屯の山

る。同誌では、先のように内外従軍通信員の写真を掲載すると述べていたが、実際『コリアーズ』編『米国特派員が撮った日露戦争』（草思社、二〇〇五年）に掲載されている写真が、いくつか載っている。他誌でもロシア側の資料写真などは掲載しているが、ロシア軍やロシア側の戦闘状況に関する写真は、『征露写真画帖』と『日露戦争写真画報』に多い。『征露写真画帖』には、「日露両軍の砲隊」（第六編、三七年一二月一七日）など、日露の写真を並べて、その戦い方や装備を比較するような試みもある。

また、『征露写真画帖』では、皇族や司令官たちの肖像写真はあるが、他誌にあるような戦死将兵の肖像写真はなく、〇〇丸乗組員というような集合記念写真的なものも少ない。絵画については、欧米、特にイギリスの従軍画家の写実的な報道画はあるものの、日本人画家の名が明記された報道画は掲載されていない。文章も、写真や絵画の解説だけで、その中で司令官たちの人柄や将兵の武勇を讃えたり、ロシア軍を嘲笑う文が記されてはいるが、戦況のまとめのようなものはなかった。戦況が記載されているのは、『征露紀念第一軍写真帖』（第四編、三七年一一月七日）のような臨時増刊号だけである。

明治三八年に入ると、「画帖余興」として軍事小説のような読物が入ってくるが、『征露写真画帖』の定期刊行号においては、基本的には、諸部隊や個々の将兵の奮戦や活躍の物語ではなく、戦地写真と欧米の報道画によって戦争を知らせようとしていた。中には演出写真と思われるものもあり、タイトルにも怪しいところがないわけではないが、『征露写真画帖』は、写実的な視覚メディアを中心に置き、錦絵的な報道画の虚飾を廃してリアルな報道を目指すという、新しい方向を模索した画報であったといえよう。

『東京朝日新聞』の写真利用

日清戦争期には遅れをとった新聞であったが、日露戦争期には新聞本紙への写真印刷が可能になり、『東京朝日新聞』や『報知新聞』などは、戦争報道に積極的に写真を利用し始める。

新聞本紙への写真印刷は、写真網目銅版に真鍮や鉄の足を付け、鉛版に鋳込むことで可能になった。しかし、この方法では鉛版の数だけ銅版を用意しなくてはならず、また、現像・定着したネガは日光で乾かすというやり方だったので、時間もかかった。さらに、この方法を開発したのが製版所だったため、特許の問題もあった。当時はまだほとんどの新聞社が、写真製版の設備を持っていなかったのである。

このような理由から、一日に掲載できる写真は、せいぜい一、二枚であった。また、紙の問題などもあり、印刷の質でも雑誌にはまだ及ばなかった。とはいえ、本紙に写真が印刷できるようになったのは、大きな進歩であった。

『東京朝日新聞』では、全体としては肖像写真が多いが、明治三七年（一九〇四）九月三〇日に初めて戦況に関する写真、「遼陽写真報　九月一日シャオシャンズイ高地占領後の光景」を掲載した。これを撮影したのは、第二軍に従軍する同紙の記者上野靺鞨（うえのまつかつ）であり、一〇月前半は連日、上野の「遼陽写真報」が掲載される。朝日新聞社の特派員は、コダックの手提げカメラを携帯しており、一二枚取りのロールフィルムを使っていたという。ただ、前述のような事情のため、上野の写真の中には、写真ではなく木版画にして掲載されているものもある。

　これら遼陽の写真は、戦闘から一ヵ月近く経ってからの掲載であり、現在では非常に遅いように思われるが、当時としては、それほど遅いわけではない。記事においても、山場は越しているとはいえ、まだ詳報や「観戦余録」などが掲載されており、記事とも関連している。各画報雑誌が遼陽会戦の特集号を出すのは、一〇月半ばであり、それよりも少し早い。

『東京朝日新聞』では、その後、大本営写真班のものも利用しながら、上野や写真の心得のあった太田無底鉢の写真などを掲載している。太田は奉天会戦に従軍した。上野の写真にしろ、太田の写真にしろ、『東京朝日新聞』では、写真自体も小さいため、大本営写真班のようなロングショットは少なく、撮りたい対象を絞って、正面にその被写体をすえた端的でわかりやすい写真が多い。展望所で哨戒（しょうかい）にあたる兵士や包帯所で治療にあたる衛生隊、架橋に励む工兵の写真など、後方の兵士たちの活動や生活をとらえたものが中心

図35 「候家屯支那人土窟の新聞記者布教使宿舎」
（太田無底鉢撮影，『東京朝日新聞』明治38年4月29日より）

図36 「唐家屯高地攻撃の重傷者運搬」（同撮影，同より）

であったが、観戦する外国人武官あるいは清国人の子供や商人など、日本軍将兵以外の写真も散見される。それらの写真の中には、面白味のあるものも多い。

半井桃水の「両将軍会見」（三八年一月一九日）は、旅順開城後の乃木希典とステッセルの会見を撮ったものだが、写真としてはあまりうまくない。しかし、記者がカメラを持つことで可能になった〝スクープ〟写真である。『東京朝日新聞』の戦地写真は、小さいこともあり、現在の目からすると物足りなくも見えるが、同紙では小型カメラの機動性を生かした写真報道を、他紙に先駆けて試みていたのである。

『報知新聞』と写真

明治三七年（一九〇四）一月に女官や女優などの写真を本紙に掲載し、本紙への写真掲載に先鞭を付けた『報知新聞』では、戦況報道でも写真の掲載に力を入れた。『報知新聞』の前身は、明治五年創刊の大新聞『郵便報知新聞』であるが、前述のように矢野竜渓の下で改革を進め、大衆化を図った。明治二七年に『報知新聞』に改題して以後は、「高等絵入新聞」「親子の前で読める」家庭向きの新聞を標榜し、視覚化にも力を入れた。その甲斐あって中小商人の家庭に部数を伸ばし、山本武利の推計によると、日露戦争期の東京紙の発行部数は、第一位が『報知新聞』で約一二～一三万部、第二位が『万朝報』で一〇～一一万部、第三位が『東京朝日新聞』で七万部前後であったという（『新聞と民衆―日本型新聞の形成過程―』紀伊國屋書店、一九七三年）。

『報知新聞』では、開戦以前から高位高官たちの肖像写真を掲載していたが、二月二五日に最初の戦況写真「仁川に於て露艦コレーツ爆発の真景」を掲載する。これは小杉国太郎（未醒）の撮影と思われる。小杉は、『戦時画報』と『報知新聞』の特派員を兼ねて、開戦前に韓国へ渡っていたようで、「小杉国太郎撮影」と明記された写真がこの後いくつか掲載されている。先の写真は、『戦時画報』には第二号（三七年三月一日）に小杉撮影として載っている。写真そのものはあまりはっきりしないが、開戦から半月ほどでの掲載であり、写真の撮影から掲載までふつうは一ヵ月ほどかかっていたから、これらはかなり早い。『報知新聞』では、特別の関係にあった製版所が先の製版技術の特許を持っていたらしく、写真も大きく、枚数も多い。

七月に入ると、九日の「玄化洞に於る我兵熟睡の光景」から連日、宮城静雄（みやぎしずお）が撮影した第一軍の写真が、横一、二段全行という大きさで掲載される。行軍や渡河の様子、あるいは戦闘直後の衛生隊の活動などが、ロングショットでとらえられ、リアルで迫力のある戦場の写真が、毎日読者に届けられた。また、「南山（なんざん）砲撃の実況」（三七年七月三一日）など、第二軍の戦況については、伏見宮付武官から借りたものが掲載されている。

その他にも、開戦前に宮城が撮影した旅順の要塞やロシア軍の写真、上海の通信員の撮影した「卑怯なる露国軍艦マンヂュール号」（三七年三月四日）や「露国駆逐艦沈没の光

THE HOCHI SHIMBUN

日本の老偉人

海軍大佐 高橋守道氏

日本外交の成功

日東武人の典型

戦陣餘話

本日の戦場寫眞

近衛師團兵の渡河

露西亜征伐

図37　『報知新聞』明治37年７月13日

景」（三七年五月二七日）という三枚組みの組写真、フランス人従軍記者撮影の「露軍砲兵の実戦」（三七年一二月五日）という四枚組みの組写真など、臨場感あふれる大きな写真が多数掲載されている。

写真と記事の連動

このように『報知新聞』では、開戦から写真に力を入れていたが、明治三七年（一九〇四）においては、写真は「本日の戦場写真」として、記事からは独立していた。それが、明治三八年に入ると写真と記事の連動性が強くなる。三八年一月九日掲載の「北砲台の営舎」は、前年一二月一八日に陥落させた東鶏冠山北砲台の敵の営舎に陣取る日本軍将兵の写真で、宮城静雄が撮影したものである。その前後数日に渡って、旅順の砲撃や旅順港の破損した敵艦などの写真が掲載され、その写真を旅順の戦闘詳報や日露両軍将兵の談話などの記事が囲んでいる。

また、六月半ばには、日本海海戦に参加した日露両軍の艦隊の写真とその詳報をあわせて掲載している。このときの写真も、横一段全行を使うなどして、艦隊の動きを感じさせており、記事とあいまって、読者を興奮させるに足るものであったと思われる。

戦地の写真では、どうしてもタイムラグが生じるが、リアルタイムの報道で記事と一体化して写真が使われたのは、日比谷焼打事件からである。『報知新聞』では、九月七日に「国民大会当日に於ける日比谷正門前の光景」を、八日には「内務大臣官邸の光景」を掲載し、騒擾（そうじょう）の様子を写真からも伝えた。『東京朝日新聞』では、焼打事件にはまだ木版画を使っていたが、一〇月のイギリス艦隊の来日時には、その上陸の様子や歓迎会の模様を撮影した写真を翌々日の紙面に掲載している。

以上の二紙は写真報道の先駆者であったが、以後、他紙も順次写真掲載に力を入れるようになり、明治末から大正初期にかけて、写真を含む速報体制が確立されていくのである。

日露戦争と博文館の戦争報道雑誌

博文館の取材・編集体制と『日露戦争実記』

第二軍従軍写真班の派遣

前述のように、陸軍中央では写真班の結成・派遣に消極的だったが、第二軍では写真記録の必要性を認め、従軍写真師を探していた。第二軍から相談を受けた小倉倹司は、博文館を紹介する。博文館では、開戦後いち早く明治三七年（一九〇四）二月九日に、柴田常吉の従軍願いを陸軍省に提出していたが、これを取り下げ、光村利藻と共同して、第二軍に従軍させる写真班を結成することとした。さらに、映画撮影班を派遣しようとしていた西村亮蔵とも合同するように勧められ、三月一四日に両者が合同した写真班八名の従軍願いを第二軍司令部に提出した。

博文館から派遣されたのは、嘱託の写真師である柴田のほかに、田山録弥（花袋）と助手二名の計四名で、当時、博文館の社員であった田山花袋が写真班長を務めた。花袋は、

図38　「博文館従軍写真班の撮影(其二)」(『日露戦争写真画報』第３巻より)

翌明治三八年に『第二軍従征日記』（博文館）を刊行している。

従軍写真班一行は、四つ切とキャビネの組立暗箱にその付属品、コダックカメラ、映画用のカメラなどを携えて、三月二三日に東京を出発した。宇品で約一ヵ月を過ごした後、第二軍司令部につきしたがって、四月二〇日に宇品を発ち、五月七日に塩大澳に上陸する。彼らは、乗船中から写真を撮影していたが、『日露戦争実記』（本章では『実記』と略す）には第一七編（三七年六月一三日）から、『日露戦争写真画報』（本章では『写真画報』と略す）には第三巻（三七年六月八日）から、彼らの写真が掲載される。『写真画報』第三巻の「編輯だより」には、上陸から三十里堡戦（五月一七日）までの戦況写真二〇〇余種が到着したとある。しかしながら、その検閲は厳しかったようだ。

博文館の編集主幹だった坪谷水哉によると、「戦地における写真は軍司令部より命ぜらるるままに撮影し、しかして検閲のうえ許可せられたる分だけを後送することと」（『大橋新太郎伝』博文館新社、一九八五年）なっていたが、そのうえに、到着後も「一々大本営の検閲を経て、其の許可を得ざる間は公にすることを得ざるの命令」（『博文館五十年史』稿本第五編、昭和一二年）があったという。これらの写真については、「本誌従軍写真班撮影」などと明記されているものもあるが、「大本営陸軍幕僚御蔵版」あるいは「大本営陸軍幕僚御許可発行」とされているものもある。クレジットの入れ方はまちまちで、その後も変わっていくのだが、それも大本営の命令によるものと思われる。

六月には、小倉が率いる大本営写真班も到着し、博文館写真班では便宜を払ってもらうこともあったようだ。七月に第二軍への新聞・雑誌記者の従軍が許可されると、博文館からは坪谷水哉が従軍し、八月一一日に写真班に合流する。一行は、第二軍司令部について、遼陽を目指す。田山は途中で高熱を発して入院し、遼陽会戦を観戦することはできなかったが、遼陽会戦の撮影をもって写真班は帰国することとなり、坪谷ともども九月二〇日に東京に戻った。博文館では、後にこれらの写真を『日露戦役紀念写真帖』（第一輯、三八年一月、第二輯、三八年七月）としてまとめたが、その「弁言」（第二輯）によると、彼らの撮影した写真は一〇〇〇種余りに上ったという。

博文館の大黒柱―坪谷水哉

博文館は、明治二〇年（一八八七）に大橋佐平によって創設されたが、大橋はそれ以前には、郷里の新潟県で『越佐毎日新聞』を発行していた。同じく新潟県出身の坪谷善四郎（水哉、一八六二〜一九四九）は、明治一五年頃から、この『越佐毎日新聞』に寄稿をし始める。坪谷は明治一九年に東京専門学校（現在の早稲田大学）に入学したが、博文館を創設した大橋は、彼に原稿を依頼し、二一年に坪谷は在学のまま社員となった。

博文館入社後の坪谷は、編集の要となり、大橋佐平および二代目新太郎を支えた。また、坪谷は大正一三年（一九二四）に博文館を辞するまでの間に、『市町村制注釈』（明治二一年）など四〇冊あまりの著書を著してもいる。『博文館五十年史』（博文館、一九三七年）や『大橋佐平翁伝』（栗田出版会、一九七四年）も坪谷の筆による。

日露戦争期には、編集主幹を務めながら、前述のようにみずからも従軍する。このとき、坪谷とともに第二軍に従軍した新聞・雑誌記者は、『東京朝日新聞』の上野靺鞨、『戦時画報』の小杉未醒など三〇名ほどであったが、坪谷はその代表に推されている。また、明治三四年から大正一一年まで東京市会議員を務め、明治三七年には市立図書館建設を発議して、東京市立日比谷図書館建設の契機を作った。博文館内部だけでなく、外部との交流も広く、人望も厚かったようであり、明治から大正・昭和にかけて、出版業界・図書館界に大きな功績を残している。

その坪谷が、同じく博文館の編集者であった大橋乙羽の影響によって、写真を撮るようになったのは、明治三二年頃からであるという。早くから写真を趣味としていた乙羽は、光村利藻や鹿島清三郎らとも交際があり、大日本写真品評会の会員にもなっている。折から『太陽』の口絵写真など、博文館では写真の需要が高まっており、光村・鹿島からも協力を得ていたが、坪谷も乙羽とともに、談話記事に添える肖像写真や紀行文とともに掲載する風景写真をみずから撮るようになっていった。乙羽が明治三四年に早世した後は、編集においても、写真の撮影・収集においても、坪谷が大黒柱として活躍することになる。

坪谷水哉の写真観

坪谷は『写真画報』に、「写真集め苦心談」（第二巻、明治三七年五月八日、第三巻、六月八日）および「素人写真従軍談」（第一七巻、三八年三月八日）というエッセイを書いている。そこで坪谷は、「戦地の光景を、最も露骨に、世に伝ふるには、写真に勝るものは無」く、「その効能は、至大なるものである」と述べている。

その理由として、坪谷は、文章では形容詞によって事実を誇大化するなど、真相を写しえない危険性があるが、写真は「当時の実況を、正直正銘に修飾なく、遺漏なく、写して後生にまで伝」え、「事実の説明に唯一無二の証拠として信用せられ」るからだという。また、文章を読む時間がない人や文字を読めない人でも、戦地の光景を見ることができ、「身自ら其人に接し、また其境に臨む思」いにさせるともいう。そして、両エッセイでは、「或る時或る場所に於る現象を報道するには是れほど重宝なるものは無い」が、しかし、その写真の撮影・収集、特に戦地での写真の撮影・現像には大変苦労があることも訴えている。

また坪谷は、「世間に報ずべき一事変あるや否や、その現況を撮影したるものを公にし、または其れに関係せる人物の肖像を紹介し、寸時も早くしてこそ価値」があるのであり、

「時事問題の写真は鮮魚の如し」という。坪谷にとって、出来事を伝える写真において最も重要なことは、いかに早くその写真を読者に届けるかであった。しかし、戦地写真の送稿・掲載にはさまざまな手間や困難があり、すぐには「現況」を掲載できない。その中で、坪谷が重視し、実施したことは、「其れに関係せる人物の肖像」あるいは出来事に関連する事物の写真をいち早く掲載することであった。そして、そのときに備えて、平生から写真の収集に努めておかなければならないというのが、坪谷の考えであった。

雑誌は速報性において新聞より劣るが、新聞の断片的な記事を整理し、出来事を意味付けることができるメディアである。そして、そこに雑誌の長所があるわけだが、メディアの趨勢が報道本位となる中で、新聞同様、雑誌にも速報性と視覚性が要求されるようになり、日露戦争期の戦争報道雑誌においては、戦争に関連する目新しい写真が何よりの売り物となっていた。坪谷は、博文館内部による撮影だけでなく、外部からも写真を集め、より早く、より新しい写真を掲載することに力を注いでいた。

博文館の写真収集

博文館内部で写真を撮影していたことが確認できるのは、第二軍写真班、坪谷水哉、それに樺太(からふと)攻略軍に従軍した嘱託写真師の若林勝治である。若林は、明治三八年（一九〇五）七月二七日に東京を出発して、樺太攻略軍に従軍した。また、『実記』第一四編（三八年五月二三日）掲載の「第一軍の大活動」などを撮った「本紙特派員」は、韓国京城の長谷川金次郎のことと思われる。さらに、写真は確認できていないが、編集員浜田紫楼も「写真機械を携へ」て戦地に向かったとある（『実記』第三五編、三七年一〇月一三日）。

また博文館では、開戦まもなく第一軍に従軍した『東京日日新聞』記者の黒田甲子郎（くろだこうしろう）にも、コダックカメラを送っている。黒田が撮影した写真も確認できていないが、黒田は陸軍士官学校を出た軍事に明るいジャーナリストで、柳堤の筆名で『実記』に多くの観戦記を寄せている。

『博文館五十年史』稿本第五編によると、坪谷は、開戦から三ヵ月経った明治三七年五月一〇日から二八日まで、東京以西の各地をまわり、出征各軍隊の留守師団司令部、海軍の鎮守府およびその地の写真業者に、写真資料の提供を願い出ている。また、同時に各地の軍関係の病院を訪ね、日露両軍の負傷者たちを取材した。この旅については、『実記』第一四編から「戦時の旅」として報告されている。

坪谷はさらに神戸の光村利藻にも会い、海軍方面の写真の供給について、協力を仰いでいる。光村とはかねてから交流があったが、前述のように、三七年一〇月には海軍陸戦隊に光村写真班が従軍することになり、その写真も後に掲載されるようになる。海軍の写真については、海軍の軍人たちからも提供を受けた。

また、陸軍については、大本営写真班結成にともない、小倉倹司に改めて写真資料の提供を頼んでいる。同写真班結成以前の第一軍の写真については、前述のように、美門洋行の北畠忠夫が撮影した写真を購入した。

その他、出征軍の薬剤官や領事館関係者などからも写真が送られてきているし、韓国の村上・土肥・一宮・河合などの各写真館から提供された写真も掲載されている。また、『実記』および『写真画報』では、日清戦争期同様、読者に死傷将兵の肖像写真の送付を呼びかけており、内外の館友・読者たちから送られてきた写真も多かったと思われる。

しかしながら、『実記』第二六編（三七年八月一三日）の「休神養英」と第四〇編（三七年一一月一三日）の「沙河戦中の休憩」には、同じ写真が使われている。博文館においても、新しい写真が入手できないときには、タイトルやキャプションを変えて古い写真を使い回すという問題があった。

ロシア側の写真

前述のように、他誌にもロシア側の写真が掲載されているが、博文館でもロシア側の写真を収集している。博文館が売り物にしていたのは、後に大本営写真班の雇員となる元東清鉄道（とうしんてつどう）写真技師の斎藤次朗が持ち帰った写真と、アメリカ人陸軍大佐で従軍記者のエドウィン・エマーソンが撮影した写真である。

開戦直前に帰国した斎藤が持ち帰ったものは、東清鉄道のフランス人技師が撮影したロシア占領下の旅順・大連・奉天などの写真であり、その中から三五〇種を買ったという。博文館では、「敵国内部の光景を暴露して遺憾なきもの」（『実記』第五編、明治三七年三月二三日）と紹介しており、戦前の各地の様子を伝える写真の多くは、この中から選ばれたのではないかと思われる。

一方、エマーソンは、当初『コリアーズ』の記者としてロシア側に従軍したが、三七年六月に日本側に投降し、その後も両軍の間を行き来した異色の従軍記者である。『コリアーズ』の他に、『シカゴ・デイリー・ニュース』にも記事を提供していたらしい。写真そのものは、それほどうまくはないが、交戦中のロシア側の情報という意味では貴重であった。『写真画報』には、「敵陣中の哥薩克騎兵」（第一六巻、三八年二月二〇日）や「膠州湾に遁入せし敵艦」（第二三巻、三八年五月二〇日）などが掲載されている。

また、エマーソン以外の外国人従軍記者が撮影したと思われるものや、中国在住の外国人から寄せられた写真も掲載されている。さらには、ロシア兵たちから収集した「分捕写真」もある。このように博文館では、内外・官民さまざまな人々から多種多様な写真を集めていたのである。

総合雑誌『日露戦争実記』の発刊

博文館では、開戦とともに『公民之友』を『日露戦争実記』に改題し、明治三七年（一九〇四）二月二〇日に第一編を刊行した。第二編を二月二七日に出した後、三月からは毎月三・一三・二三日発売の旬刊とした。三八年一二月二三日に発行した第一一〇編が最終号であるが、これは『日露戦争写真画報』と合せた通し番号であるため、『実記』としては、『写真画報』四〇冊を除いた全七〇冊となる。そのうち、第九編「軍神広瀬中佐」（三七年四月一八日）と第一八編「旅順口閉塞隊」（三七年六月一八日）が、臨時増刊号である。

大きさは菊判で、口絵写真が七、八ページ、読物が一二八ページあり、大きな戦闘の時には詳細な地図も付けられた。価格は一〇銭であった。『博文館五十年史』によると、第一編は二六版を数え、一〇万部あまりを売り上げたらしいが、それには前年に購入した最新式の輪転印刷機が威力を発揮したという。

写真については次節で論じるが、口絵写真には、やはり三種ある。肖像写真と戦地写真、そして、斎藤から購入した写真のように、各地の光景や風俗などを撮った資料的な写真である。一方、記事の中心をなしたのは、「日露戦争実記」であった。ここには、戦闘状況や各軍の消息および講和交渉など速報的な報道記事ばかりでなく、博文館や各新聞社の従軍記者・特派員、あるいは出征者などから寄せられる従軍通信や戦地通信も掲載された。

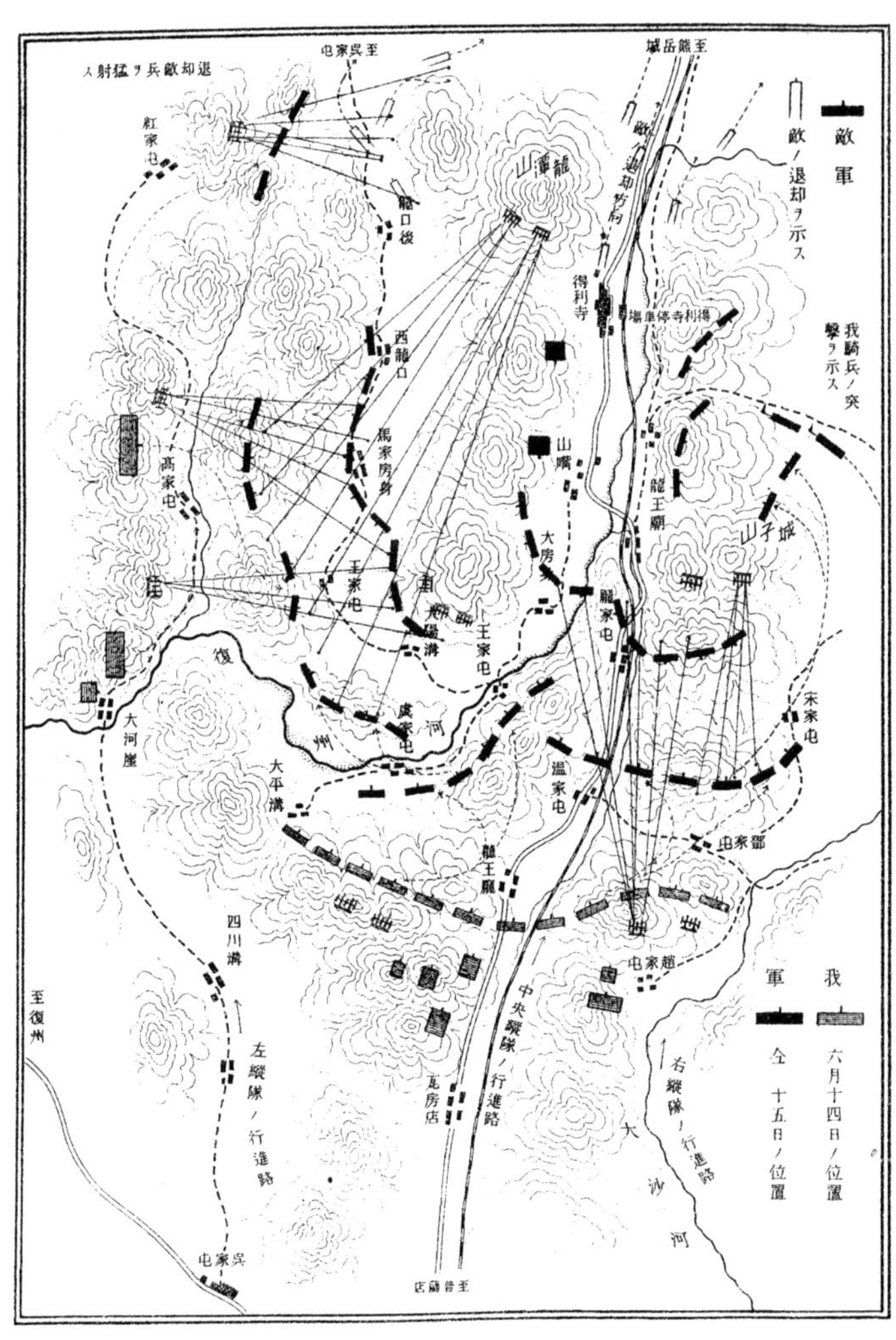

図39　「得利寺附近戦闘経過略図」（『日露戦争実記』第20編より）

さらに、陸海軍軍人の手記や参謀らの講話・談話、負傷して後送された将兵や帰還者たちから聞き取った実歴談も含まれている。

その他には、将兵たちの戦死状況や逸事・伝記を記した「日本魂」、外交や国際法などに関する「戦時評論」、「戦時文学」、列強各国のメディアの論調を紹介する「世界の反響」、法令改正や捕虜名簿・負傷者情報など各種情報を掲載した「軍国時事」などがあった。また、号によっては、ロシアや韓国・清国の状況を伝えたり、各国の事情を解説する記事が掲載されることもあった。

『実記』の広告（『写真画報』第七巻、三七年九月一五日）によると、「遺憾なく戦況を報じ形勢を録し、我が忠勇なる陸海軍人の勲労を表彰して、全国の士気を振作し敵愾心を発揮鼓舞する」ことが、出版業者の責務であるという。そして博文館では、「戦闘の顛末及び之に伴ふ所の内外の政治、外交、通商の事情に至るまで、最も迅速精確に且つ多趣味的に編録」することを期すと述べている。

紅野謙介は、「この情報量が逆に事態を見えにくくしている」と指摘する（「日露戦争下の雑誌から（2）『日露戦争実記』」『日本古書通信』第六九巻第二号、二〇〇四年二月）。しかし、戦況報道だけでない情報の多様さ・豊富さが、博文館の売り物であり、『太陽』同様、その総合的な幅の広さが『実記』の特徴であった。

『日露戦争実記』の戦況報道

『実記』における戦況報道には、一つのパターンがあった。

例えば、遼陽会戦（明治三七年八月二五日〜九月四日）では、第三〇編（三七年九月一三日）の「日露戦争実記」に、陥落の報とともに作戦計画や作戦に参加した第一・二・四軍の大まかな活動の経過、および死傷者の名前などが掲載された。同号の巻頭には、遼陽付近の詳細な地図が付けられ、「遼陽大決戦の勇将」六名、その一人の関谷銘次郎大佐率いる「関谷聯隊戦没勇将」六名、「遼陽激戦の死傷諸将」一二名の肖像写真が掲載された。一方で、坪谷水哉の「満州観戦記」は、遼陽にいたるまでの各作戦の地をたどっており、戦況写真も「金州道上我軍の行進」などで、遼陽にはいたっていない。

次の第三二編（三七年九月二三日）・第三三編（三七年一〇月三日）では、写真は依然遼陽途上の戦況や占領地の状況であるが、記事は詳報・観戦記へと進む。第三二編で坪谷は、「遼陽攻陥の真相」「遼陽包囲攻撃」などと題して、日付を追いながら陥落までの概況を記した。一方、「日本魂」には、関谷大佐はじめ遼陽作戦で戦死した将兵らが登場する。

第三三編では、「遼陽大激戦大久保縦隊戦傷勇将」一二名の肖像写真とともに、坪谷自身が目撃したことに聞き取りを加えた「大久保縦隊勇戦実況」が掲載されている。この記事には、苦戦の状況や敵の応戦ぶりを劇的に描いた部分と、戦地の地勢や布陣、作戦の日

図40　「遼陽激戦の死傷諸将」(『日露戦争実記』第30編より)

的や実行の経過などを淡々と書いた状況説明的な部分とがある。前者においては、肖像写真の「勇将」たちが傷ついた激しい戦場を目の前に見るようであるが、基本的には時系列に情報を整理したものであり、現在の報道文とは異なるが、記録性・報道性の高い文章である。一方、「日本魂」には首山堡（しゅざんぽ）攻撃（八月三一日）で戦死した「軍神橘少佐」の人柄や戦死状況が詳しく書かれている。

第三五編（三七年一〇月一三日）になって、やっと口絵に「遼陽攻撃の我が重砲」や「遼陽大激戦」、「戦後の遼陽停車場」などの戦況写真が掲載される。同号には、柳堤（黒田甲子郎）の「遼陽攻陥黒木軍の勇戦」や「遼陽陥落詳報」の続編、並木概庵「遼陽攻撃小川縦隊戦闘詳記」などが記されており、第三八編（三七年一一月三日）には、一武夫「関谷聯隊戦闘詳記」が掲載されている。この記事では、作戦の目的や布陣の状況だけでなく、死傷者数などの情報も含み、戦闘後の悲惨な情景や戦闘の攻防も比較的淡々と書き進められている。

死傷将校の肖像写真は第三七編（三七年一〇月二三日）まで、戦況写真は第三八編まで掲載される。第三五編と第三七編の間に、『写真画報』の臨時増刊「遼陽占領紀念写真帖」（第九巻、三七年一〇月一五日）が発行された。

このように、その報道のスタイルは、全体の速報・概況や個人の死傷情報から、聯隊や

図41　「遼陽攻撃の我が重砲」（『日露戦争実記』第35編より）

縦隊といった戦闘単位の集団のより詳しい記録へと重点が移っていく。写真も前述の坪谷の写真観どおり、まず関係者の肖像写真が掲載され、それから彼らが戦った戦場の戦況写真へと移る。戦況写真がとらえるのは、個別の人物ではなく、集団の行動である。

『実記』においては、個人の顕彰も重視しており、下士官や兵まで含めた個人の武勇伝や美談も毎号掲載されている。それは、日清戦争以来博文館の戦争報道雑誌の柱となってきたものである。しかし、日露戦争においては、それだけでなく、個人を包み込む戦闘集団の行動の記録としての戦況報道が充実してきた。異なる場所から観戦・取材した複数の従軍者たちの観戦記は、戦争を多面的・重層的に描き出す。これらの記事と戦況写真があいまって、より現実的に戦争を伝えたことが、『実記』の特徴であろう。

『日露戦争写真画報』が伝えた日露戦争

『日露戦争写真画報』の発行趣旨

『日露戦争写真画報』は、『日露戦争実記(にちろせんそうじっき)』の定期増刊として、明治三七年（一九〇四）四月八日に第一巻が発行された。四六倍判で、定価は二〇銭、毎月八日の発売で、三八年一二月までに定期刊二一冊・臨時増刊一九冊（二二一ページ掲載表1）の計四〇冊が刊行された。定期刊の構成は、彩色石版画一点、アート紙に両面印刷した写真ページ「光沢写真版」が八ページ、「時局画譜」として単色石版画八点、「最新写真銅版」が二四ページ、読物六四ページで、全号ほぼ変わらない。写真は一ページに一点から四点ぐらいで、肖像写真ではもっと多くなるときもあるが、合計で六〇〜八〇点ほどになる。明治三八年の新年号（第一二巻、一月八日）で約一五万部を発行していたという。

博文館では、日々集まってくる多くの写真を、『実記』だけでは載せきれないので、それらの写真に絵画を加え、「戦争紀念画帖として美麗を極めたる写真画報」を発行するとしている（『実記』第五編、三七年三月二三日）。しかし、「美麗」といっても、『写真画報』は今現在の高級画報雑誌のようなものではない。むしろ、『実記』よりも視覚性を高めることで、『実記』読者よりも下に広がる、より広い大衆層への浸透を狙った通俗的な雑誌だった。

大衆向け戦争報道雑誌としての『写真画報』

『写真画報』の読物の中心にあったのは、一ヵ月の間に起こった戦闘を「趣味深き歴史物語風に整然編纂」した「征露戦史」である（「武侠帝国の花」『写真画報』第一巻、明治三七年四月八日）。しかし、その他に「何人も愉快に感ずる」逸話、小説やお伽噺・講談もあり、木版画の挿絵も多い。また、兵器解説や時事評論・敵国事情・笑い話なども載っており、『実記』同様、こちらもバラエティに富む。

一方、口絵の石版画では、従軍者たちの実写画も掲載されるようになるものの、従来の報道画、つまり速報的な想像画が中心であった。例えば、『写真画報』第一〇巻（三七年一一月八日）では、「征露戦史」の「沙河大会戦の全勝」と「沙河大会戦の丸井支隊」（木村光太郎画）などの報道画および丸井政亜少将ら六名の肖像写真「沙河大会戦の驍将」に

図42 「沙河大会戦の丸井支隊」
（木村光太郎画，『日露戦争写真画報』第10巻より）

図43 「沙河大会戦の驍将」
（同より）

よって、沙河会戦（三七年一〇月八日～一八日）を伝えている。「征露戦史」と報道画と肖像写真が、『写真画報』の速報性を支えるとともに相乗的に戦いのイメージを形づくった。

さらに絵には、苦戦を耐えて勝ち抜く日本軍部隊あるいは将兵個人の武勇・美談を讃える、または、ロシア兵たちの卑怯さや残虐性・非人道性を批判するというイデオロギッシュな側面もあった。第一〇巻には「敵軍の怯譎（きょうけつ）」（山中古洞（やまなかこどう）画）という、清国兵の服を着用するロシア兵の卑怯さを描いた絵も掲載されている。読物ページには、ロシアを風刺した外国雑誌の漫画も挿入されており、読者たちは、これら勧善懲悪（かんぜんちょうあく）的な絵画によっても、各戦闘やロシア軍に対するイメージをふくらませ、戦争熱をあげていったものと思われる。

また、第一〇巻の写真には、二ページ大の「砲兵の遼陽（りょうよう）大攻撃」（二点）や「南瓦房店（みなみがぼうてん）停車場の軍用汽車」など、遼陽会戦関係の戦況写真が多いが、「占領後のダルニー港」や「奉天（ほうてん）城廓壁の内部」など、他の地域のものやロシア軍将校の写真もある。写真も読物同様、さまざまな種類のものが掲載されている。

『写真画報』においては、確かに『実記』よりも多くの写真を掲載していた。しかしながら、写真を増やしたというだけでなく、写真・読物・絵画それぞれに多様なものを組合せ、視覚性だけでなく通俗性・娯楽性を高めており、大衆層へ向けて戦争を伝えることを主眼としていたと考えられる。

攻撃の為に運搬す」（『日露戦争写真画報』第10巻より）

兵士たちの営みと戦死者

それでは、その中で戦地写真の役割は何だったのであろうか。それは、端的にいえば、文章や絵画では描ききれないもの、あるいはそれらがテーマの中心としないものを写し出すということであろう。

『写真画報』にも『実記』にも、戦闘を写した写真が掲載されている。しかし、それらの写真においては、被写体は概して遠く、わかりづらい。博文館でも、他の民間メディア同様、戦地写真の中心にあったのは、戦闘そのものよりもその前後、あるいはその後方での将兵たちの営みであった。第一〇巻の「砲兵の遼陽大攻撃」も、戦闘で

図44 「砲兵の遼陽大攻撃　南山鹵獲の重砲を遼陽

はなく、砲兵の陣地と鹵獲砲の大掛かりな運搬の様子を撮影したものである。その他にも、行軍や渡河、出発準備、幕営、防禦物の設営や架橋工事、あるいは食事の用意や滞陣中の薪炭の準備、祝勝会での余興、そして、包帯所の様子や戦死者の収容など、戦地での兵士たちのさまざまな営みがとらえられている。『東洋戦争実記』のときと異なり、戦闘部隊とともにあったので、柴田常吉の写真も鉄条網など対象を正面に大きく写し出したものもあるが、将兵たち集団の営みを広くとらえたものが主となっている。

　これらの営みは、報道画が好んで描くようなクライマックスや劇的な瞬間ではない。また、戦史の記述においても重要な要素とはならない。いわば、戦場の日常であり、本来は特別な瞬間ではない。写真に撮ることで、逆に記念すべき特別な一瞬となったのである。しかし、日常と地続きだからこそ、戦場の現実を写し出すことができるのであり、そこに写真のリアリティーがある。そしてまた、写真が日常を記録するメディアだったからこそ、戦死者の写真は、よりいっそう重要な意味を持つのである。

他誌同様、博文館の雑誌にも何枚かの戦死者の写真がある。ロシア兵の死屍の方が多いが、「開城前後旅順の惨状　林家庄附近に於る彼我(ひが)両軍の戦死者」(『実記』第五九編、明治三八年三月一三日)や「黒英台(こくえいだい)附近の戦状　九月四日黒英台附近に戦死せし我勇士」(『写真画報』第一四巻、三八年一月二五日)、「遼陽附近の激戦　(一)首山堡(しゆざんぼ)東南方高地の我が戦死者)」(『写真画報』第一六巻、三八年二月二〇日)など、両軍あるいは日本側の戦死者をとらえたものもある。野に斃(たお)れた戦死者の写真は、〝死〟という現実を指し示す。そして、戦地の将兵たちの他の営みの写真とともに掲載されているこれらの写真は、死が戦地の将兵たちの日常と隣り合わせであることをより強く認識させる。

日常を記録し、目の前に再現するメディアである写真は、文や絵よりもいっそう死の問題を重くつきつけてくる。それゆえに、『日露戦役写真帖』からは、戦死者が排除されていったのであろう。そして、その後の戦争においては、民間メディアでも戦死者たちの写

図45 「黒英台附近の戦状　九月四日黒英台附近に戦死せし我勇士」（『日露戦争写真画報』第14巻より）

真は隠蔽されるようになっていく。しかし、日露戦争期の民間メディアにおいては、多くはないとはいえ、戦死者たちの写真を掲載し、死という現実の問題を垣間見せていたのである。

戦場の記録

兵士たちの姿の他に、戦地写真の主たるテーマになったものは、戦闘後の惨状と近代兵器である。

戦闘後の惨状は、『日清戦争実記』『東洋戦争実記』でも、口絵写真の中心をなしていたが、『日露戦争実記』および『写真画報』でも多い。陸においては、崩れた砲台や塹壕（ざんごう）、焼け落ちた駅舎、破損した鉄橋、地面に散乱した砲車などが、海においては被弾して激しく損傷した敵艦などが、戦闘そのものに代わって、その激しさを伝えている。それらは、写真に撮りやすいものでもあり、その惨状は一種壮観でもあった。

「砲兵の遼陽大攻撃」も、パノラマ写真によって、軍というものの大きさや力強さを感じさせているが、「敵を震慄せしめたる廻転式巨砲」や「旅順船渠（せんきょ）内に敵の損傷艦」（ともに『写真画報』第二一巻、明治三八年四月二〇日）などの写真もまた、その壮大さや破壊力を受け手に伝える。また、軍艦そのものや二八（チセン）砲などの巨大な兵器、あるいは敵の塹壕などの防禦物の全貌を絵に描くことは難しく、その正確な描写は、写真だからこそできることであった。

図46　「旅順船渠内に敵の損傷艦」（『日露戦争写真画報』第21巻より）

『写真画報』を含め民間メディアの写真は、『日露戦役写真帖』よりも無造作で雑然とした感じのものが多い。そのノイズの多さは、より日常・現実に近いということであろう。『日露戦役写真帖』は、戦闘の記録を中心に、それ以外のものも付属的に撮影していたが、それらは、できるだけノイズを捨象して軍事的に意味あるものに絞り込んだ写真であった。民間メディアの写真は、逆に戦闘の記録を含みながらも、その後方や前後の情景を中心にした戦場の記録、雑然とした戦場の日常の再現であったといえよう。

博文館の雑誌を含め、民間メディアの写真もまた、一方では、読者たちに戦勝を伝え、士気高揚に資するものであった。しかし他方では、戦闘だけではないもっと広い戦場のすさまじさや暴力性を記録することで、戦争の現実を伝えるメディアでもあった。

組写真の試み

坪谷水哉（つぼやすいさい）は、前述の「写真集め苦心談」（第三巻、明治三七年六月八日）において、写真の配合についても気を配らなければならないと語っている。『報知新聞』など他のメディアでも、組写真の試みはあったが、この時点ではまだ、関係あるものをともに掲載するという程度のものであって、それほど巧妙なものではない。というより、むしろ『写真画報』の場合は、基本的には一枚一枚が比較的大きな情景をとらえた説明的な写真であるため、一ページに三、四枚と小さくして並べてしまうと見づらくなり、かえって効果がなくなっている場合の方が多いように見受けられる。

しかし、いくつか見るべき試みもある。「占領後の大房身停車場」（第五巻、明治三七年八月八日）は、広い風景の中に大房身の停車場をとらえたものと、停車場をメインモチーフにしてその周辺を撮影したもの、そして、敵の兵営に命中した砲弾のクローズアップの三枚によって、広い場所からその砲弾へとズームしていくような組写真である。読者はその流れによって、臨場感を持ってその砲弾を見つめることになる。視覚映像の強みが生かされた表現方法といえよう。

また、戦況写真ではないが、時系列的な組写真として「韓国鉄道妨害者の処刑」（第一〇巻）がある。ここでは、「鉄道妨害者」三名の刑場到着から刑の執行、検死までの経過を四枚の写真を順に並べて伝えている（二三一ページ掲載図50）。この組写真は、銃殺を執行する兵士の後ろから撮影しているので、「鉄道妨害者」たちの姿は小さく、わかりづらい。そのため、同じ処刑を扱ったものでも、前述の『軍国画報』の「露探清人夫妻の所（ママ）刑」（一七三ページ掲載図33）のようなショッキングな写真ではなく、衝撃力においては弱いが、出来事の説明性は高くなっている。

写真の大きさも同じで、レイアウトもまだ単純だが、一つの事柄や出来事を、写真を組み合わせて説明していくという手法は、写真報道の幅を広げるものであった。

図47　「占領後の大房身停車場」(『日露戦争写真画報』第5巻より)

『写真画報』の臨時増刊号には、大きく分けて三種類ある。テーマによっては、複数の領域にまたがるものもあるが、次の三つである。

①　陸海の大きな戦いや講和など出来事を特集したもの

②　「征露第二軍写真帖」（第一六巻、明治三八年二月二〇日）など特定の軍をテーマとしたもの

③　「韓国写真帖」（第二五巻、三八年六月二〇日）など特定の国や地域に関するもの

臨時増刊号では、ほとんどの巻に、関連する詳細な地図が付けられていた。

臨時増刊号の速報性と問題点　臨時増刊号においては、定期刊のものより記念性が強まるが、出来事をテーマとするものでは、速報性も重視された。「遼陽大決戦」（第七巻、三七年九月一五日）、「旅順降伏紀念帖」（第一三巻、三八年一月一〇日）、「奉天占領紀念帖」（第一八巻、三八年三月二〇日）は、陥落直後に出されている。しかし、戦況写真を掲載するまでには、一ヵ月ほどかかっていたから、それらに掲載されている写真は、陥落に直結する戦闘ではなく、それ以前の戦いの写真である。したがって、これらにおいては、定期刊同様、戦史と報道画と肖像写真が速報性を担っており、戦況写真が本格的に掲載されるのは、その後である。

遼陽会戦については、一ヵ月後に「遼陽占領紀念写真帖」（第九巻、三七年一〇月一五日）が発行される。同号は、①の中では、戦闘とその前後の多様な写真で、最も充実して

（表2つづき）

旅順写真新集	第35号	明治38年1月15日
旅順開城実景写真帖	第39号	明治38年2月15日
創刊第三年祝号	第44号	明治38年3月25日
奉天大捷	第45号*	明治38年4月1日
奉天占領写真集	第47号	明治38年4月15日
捕虜写真帖	第52号	明治38年5月25日
日本海大海戦紀念帖	第55号	明治38年6月15日
富士画報	第62号	明治38年8月15日
東京騒擾画報	第66号	明治38年9月18日
講和三笠画報	第68号*	明治38年10月1日

（注）　＊は副題付定期刊号.

表3　『征露写真画帖』臨時増刊号・副題付定期刊号一覧

名　　称	巻　号	発行年月日
征露紀念第一軍写真帖	第4編	明治37年11月7日
旅順陥落写真帖	第7編*	明治38年1月10日
征露紀念第二軍写真帖	第8編	明治38年2月1日
征露紀念第三軍写真帖	第10編	明治38年2月23日
征露紀念大海戦写真帖	第15編	明治38年6月17日
征露紀念第四軍写真帖	第16編*	明治38年7月10日
日本海大海戦	第17編	明治38年7月13日
樺太占領写真帖	第18編	明治38年7月27日
海軍凱旋写真帖	第22編*	明治38年11月7日**
満韓写真帖	第23編*	明治38年12月10日
陸軍凱旋写真帖	第24編*	明治39年2月20日

（注）　＊は副題付定期刊号.　＊＊は奥付の発行年月日，表紙では明治38年11月10日発行となっている.

表１　『日露戦争写真画報』臨時増刊号一覧

名　　　　称	巻　号	発行年月日
遼陽大決戦	第７巻	明治37年９月15日
遼陽占領紀念写真帖	第９巻	明治37年10月15日
旅順降伏紀念帖	第13巻	明治38年１月10日
征露第一軍写真帖	第14巻	明治38年１月25日
征露第二軍写真帖	第16巻	明治38年２月20日
奉天占領紀念帖	第18巻	明治38年３月20日
陸海敵軍写真帖	第19巻	明治38年４月１日
旅順現状写真帖	第21巻	明治38年４月20日
海軍戦捷紀念帖	第23巻	明治38年５月20日
韓国写真帖	第25巻	明治38年６月20日
征露第四軍写真帖	第26巻	明治38年７月１日
日本海大海戦	第28巻	明治38年７月20日
樺太写真帖	第29巻	明治38年７月25日
樺太回復紀念帖	第31巻	明治38年８月15日
講和紀念帖	第33巻	明治38年９月20日
沿海州写真帖	第35巻	明治38年10月20日
観艦式写真帖	第36巻	明治38年11月１日
伊勢行幸写真帖	第38巻	明治38年11月27日
満州軍凱旋写真帖	第40巻	明治38年12月18日

表２　『戦時画報』臨時増刊号・副題付定期刊号一覧

名　　　　称	巻　号	発行年月日
遼陽大戦実写帖	第24号	明治37年10月５日
旅順攻囲写真帖	第30号*	明治37年12月１日

いる。しかしながら、「遼陽附近の激戦」などと題された写真でも、今日の目からするとのんびりしていて、戦闘そのものを写した写真は、タイトルほどの迫力はない。

旅順に関しては、三七年（一九〇四）七月から総攻撃が繰り返されていたが、報道には厳しい規制が敷かれていた。一〇月頃から、少しずつ記事が掲載されるようになるが、なお限定的であり、記者たちは歯がゆい思いで記事の解禁を待っていた。三八年一月一日にロシア軍が降伏すると、四画報誌とも一月一〇日ないし一五日に、臨時増刊号あるいは定期刊での特集号を刊行した。博文館では、「旅順降伏紀念帖」について、「幾回版を重ねても注文に応じ兼ねるの盛況であつた」と記している（前掲坪谷『博文館五十年史』）。

しかし、実は博文館のものは、岩山の散兵壕で銃を構える兵士たちや砲撃の様子、幕営、弾薬運搬などの写真もあるものの、陸海軍諸将の肖像写真が写真ページのほぼ半分を占めている。また、戦況写真は他誌と同じものも多く、自社の写真師を従軍させていた『戦時画報』『征露写真画帖』の方が充実している。この二誌では、陥落前後の写真を集め、二月に再度臨時増刊号を発行している（『戦時画報』第三九号「旅順開城実景写真帖」、明治三八年二月一五日、『征露写真画帖』第一〇編「征露紀念第三軍写真帖」、三八年二月二三日）。

また、「奉天占領紀念帖」は、会戦以前の滞陣などの様子が中心で、『写真画報』の他の臨時増刊号と比しても見劣りする。奉天については、『戦時画報』の「奉天占領写真集」

（第四五号、三八年四月一五日）の方が、写真はあまりうまくないものの、奉天会戦そのものを対象として、その惨状をよく伝えている。

博文館は、写真の収集に力を入れてはいたが、やはり自社の従軍者がいなかった旅順や奉天の写真では、内容的には他誌の後塵を拝したといえよう。

作戦軍別写真帖

旅順・奉天の特集号で精彩を欠いた博文館は、海軍やロシア軍まで含めた各軍別の写真帖に力を注いでいく。このアイデアは、『征露写真画帖』の方が先（第四編『征露紀念第一軍写真帖』、明治三七年一一月七日）だったが、博文館がその収集力を生かせる企画であった。また、「陸海軍人の勲労を表彰」するという編集方針にも見合っており、人気もあったようだ。

これらは、速報性が重視されないため、絵画はなく、写真点数が定期刊のものよりも多い。たとえば『征露第二軍写真帖』では、その出発から従軍していたこともあり、戦地写真約一〇〇〇点と肖像写真約一三〇点が掲載されている。

これらの作戦軍別の写真帖でも、巻頭には軍司令官はじめ高位高官の肖像写真が掲げられているが、『征露第一軍写真帖』（第一四巻、三八年一月二五日）および『征露第二軍写真帖』では、その後は進軍の経過に沿って写真が並べられている。したがって、読者は戦史を読みながら、写真と地図でその足跡をたどれた。①の戦いの記念号同様、戦闘の写真そのものにはそれほど迫力はないのだが、行軍・戦闘・占領、そして、また次の戦地への出発と各軍将兵たちの奮闘を追体験し、その労苦を慮ることができた。その中には、写真自体も少々わかりづらく、あまり目立たないように配置されているが、一、二枚、野に斃れた戦死者たちの写真も含まれている。これらの写真帖は、勝利や祝賀にだけ帰せられない戦争の現実を垣間見せつつ、犠牲者たちも含めて各作戦軍を顕彰するものであった。それゆえに、国民、中でもその軍に家族や知人がいる人々や郷土の人々にとっては、重要な記念品になったであろう。

しかし、これらの写真帖が果たした役割は、各軍を顕彰し、郷土の人々や国民の士気を高めるだけにとどまらなかったように思われる。将兵の足跡を追体験するということは、戦争を戦った気分を味わわせ、戦争を支えた感覚を持たせる。したがって、これらの写真帖には、戦場を国内に持ち込み、日露戦争に対して、国民誰もが参加し支える〝国民の戦争〟という認識を、強めさせる機能もあったのではないかと思われる。

海軍の写真

海軍については、民間人の乗艦を許さなかったため、その写真の撮影は、海軍関係者に限られた。したがって、民間に流通した写真は少ない。『写真画報』でも、開戦当初には、旅順閉塞作戦の死傷将兵の肖像写真が掲載されているものの、その後はあまり掲載していない。海軍の写真がいろいろ掲載されるようになるのは、第二三巻の「海軍戦捷紀念帖」（明治三八年五月二〇日）あたりからである。

「海軍戦捷紀念帖」も作戦軍別の特集にあたるもので、読物には「海軍戦紀」として、開戦から蔚山沖海戦（三七年八月一四日）までの経過と旅順の戦闘の模様が記されている。しかし写真は、陸軍のようにどの戦いの写真というものではない。砲撃練習や石炭の積み込みなど、艦上での作業の写真もあるが、艦隊運動の写真に、将校たちの肖像写真をコラージュしたようなものが主流である。

一方、「日本海大海戦」（第二八巻、三八年七月二〇日）は、いちおう大きな戦闘を特集したものといえるが、その戦闘から二ヵ月も経ってからの発行で、速報的とはいえない。また、写真としても、敵艦の破壊状況をとらえたもの以外は、「海軍戦捷紀念帖」と同じようなもので、日本海海戦のときのものかどうか、読者には判断はつかない。どちらかといえば、「海軍戦捷紀念帖」の続編のようなものである。

しかし、それら海軍の写真は、前章で述べたように、みずからが乗船する艦の砲身や舳先を入れながら、僚艦をとらえたり、複数の僚艦の位置関係や煙などで動きを出すような写真であった。したがって、兵士たちのさまざまな営みを説明的に撮った陸軍の写真とは違って、躍動感・スピード感があり、華々しく、格好のよいものが多かった。

図48　「「朝日」「三笠」の対抗射撃」（光村利藻写真部撮影，『日露戦争写真画報』第23巻より）

ロシア軍捕虜と清国占領地

日本軍あるいは戦況に関わる写真のほかには、ロシア軍捕虜や占領地の清国人たちを撮ったものがある。

英米両国に助けられて日露戦争を戦っていた日本にとって、ロシア軍捕虜に対する人道的な処遇は、〝文明国家〟日本を証し立てるものであり、国際的な支持を得るための好材料であった。したがって、『日露戦役写真帖』などの写真帖同様、戦争報道雑誌においても、厚遇を受けるロシア軍捕虜の写真は多い。『写真画報』にも、「戚家堡子収容所の彼我負傷者」（第一四巻、明治三八年一月二五日）などいくつかある。この記事には、日本とロシアの負傷者の写真が二枚ずつ、計四枚の写真が掲載されているのだが、そのキャプションには次のように書かれている。

　連山関前方の各地に負傷せる我が諸勇士と敵の捕虜負傷者と、一視同仁、我軍人とともに治療を加へて差違を見ず。此等の写真は、必ず世界の各国に示すの要あり。

占領地の清国人たちの写真についても、ロシア軍捕虜の写真と同じことがいえよう。例えば、「奉天門外窮民救助」（第二四巻、三八年六月八日）は、「米穀衣食等の施与」に集まった清国人たちを写したもので、日本軍の清国人たちに対する人道的な措置を伝えるものである。その他にも、日の丸を掲げて日本軍を歓迎し、生業に戻る清国人の写真などが、『写真画報』には掲載されている。これらの写真もまた、〝文明国家〟日本の占領地支配の

図49 「遼陽城居民の我軍歓迎（九月四日正午） 南門内毎家の日章旗」（『日露戦争写真画報』第９巻より）

様子を示し、日本がその地を占領することの妥当性を訴えようとしたものと思われる。

初期の『写真画報』においては、後に日本軍が占領することになる土地を取り上げ、〝日本軍に帰すべき土地〟として紹介していた。例えば、第四巻（三七年七月八日）の「最近の営口」という記事では、営口市街や遼河河口の写真を掲載して、「今尚ほ露軍の占領中に在るも、其地の我が軍に帰するは最早遠からざるべし」というキャプションを付けている。他の巻でも、遼陽や奉天など戦闘前の主要地が取り上げられている。各地の風景・風俗の写真の掲載は、未知の土地への興味をかきたてながら、その地の占領・獲得への期待を煽ることを狙っていたと思われる。

日本の帝国主義的立場を最も象徴的に写し出した写真は、『軍国画報』の「露探清人夫妻の所刑」であろう。魯迅は当時医学生として仙台にいたが、露探として清国人が処刑される場面を映した幻灯に、級友たちが「万歳」と歓声を挙げたことを記している（「藤野先生」大正一五年）。『軍国画報』ほどストレートではないものの、『写真画報』もまた、帝国主義的なまなざしを形成することに与するものであった。清国各地を〝次なる版図〟として紹介する記事と占領後の状況を写した写真は、日本の帝国主義的立場を表す表裏一体のものである。日本帝国主義の本音と建前を交錯させながら、帝国主義的な視線を築き上げていこうとしたところに『写真画報』の特徴があろう。

支配を誇る「韓国写真帖」

『写真画報』の中で、日本の帝国主義的立場を最も集約的に表したのが、「韓国写真帖」（第二五巻、明治三八年六月二〇日）である。韓国への勢力の伸張は、日本が明治初期から念願してきたものであり、日露戦争も韓国の支配権を争う戦争であった。

「韓国写真帖」は、京釜鉄道開通式に参列するために渡韓した坪谷水哉の写真を中心に編まれたものだが、その発刊の趣旨には、「此の半島経営の大責任を荷ふ国民は、必ず先づ半島の形勢に通ぜざる可らず」（小引）と書かれている。同写真帖は、日露戦争の勝利をほぼ手中におさめる中で、韓国においてどれだけ日本の支配が広がり、進んでいるか、その「形勢」を知らせるものであった。「艸梁停車場」には、力強く走る汽車と近代的な駅舎の写真が掲載されているが、そこには「大陸に向つて帝国民の敷設する各種鉄道の起点」と説明があり、「京城に於ける我軍の演習」や「武威半島を圧す」などでは、韓国で我が物顔に振舞う日本軍が取り上げられている。また、「釜山港」や「仁川港」では、日本人居留地が紹介されている。

一方で、「南韓土民の風俗」など韓国各地の風物や風俗を紹介する写真もある。しかし、そのキャプションは、「土民の家は、皆な藁を以て葺き、小なること巣の如く」と、侮蔑的である。また、坪谷の書いた「朝鮮写真覗き眼鏡」（『写真画報』第二七巻、三八年七月八

図50 「武威半島を圧す　鉄道線路妨害者の死刑執行」
（『日露戦争写真画報』第25巻より．なおこの写真は，「韓国鉄道妨害者の処刑」（『日露戦争写真画報』第10巻）の組写真にも使われている．）

日）にも、韓国への蔑視感が随所に見られる。

日本は韓国人から鉄道用地をとりあげ、前述の「韓国鉄道妨害者の処刑」のように、軍用の鉄道や電信線に害を加えた者を処刑した。また、日本軍は多くの韓国人を日本軍のために使役した。「韓国写真帖」の主役は、あくまでも日本人であるが、彼ら韓国人人夫たちの姿も何枚かの写真の中に写っている。処刑や人夫の写真は、支配と被支配の関係を明確に視覚化する。日露戦争開戦にあたって、日本は〝清国・韓国をたすける〟とうたったが、日露戦争の進展とともに、日本は両地における支配権を拡大していった。当時においては、それは公然の事実であったが、写真もその現実を記録している。

「韓国写真帖」が、日本の韓国への支配の確立を示そうとするものであったように、国や地域をテーマにした臨時増刊号には、その土地に対する日本の支配欲が反映されている。韓国や樺太（からふと）あるいは満州各地における日本の支配を知らせる写真は、日本の支配圏の広がりを証し立て、帝国主義的な意識を醸成させるものであったと思われる。しかし、戦争報道を超えて、日露戦争の本質に関わる韓国を取り上げ、その支配の状況を知らせるということは、博文館だからこそできたことであろう。『征露写真画帖』にも「満韓写真帖」（第二三編、三八年一二月一〇日）があるが、風俗や風景が中心で、旅行案内的なものであり、「韓国写真帖」とは性質が異なる。

「韓国写真帖」は、『写真画報』の中で、最もプロパガンダ的なものである。しかしながら、それらの写真も、やはり現実の「再現」であった。その記録性ゆえに、当時の日本の帝国主義がはらんでいた問題を写し出し、一〇〇年以上経った現在を生きる私たちに、戦争や他民族への支配という問題を考える手がかりを示してくれている。

〝情念〟と〝情報〟

三谷憲正は、「人々が動かされるのは、所謂高級な雑誌によってではなく、むしろ「講談・浪曲・浪花節」的に整理されたゴシップ的、扇情的な観念の磁場」であるといい、『写真画報』をそのような〝情念の磁場〟であったとする（「「戦争とメディア」論―『日露戦争写真画報』を中心として」『国文学　解釈と教材の研究』第四六巻六号、二〇〇一年）。確かに『写真画報』には、勧善懲悪的な二元論に立脚した戦記や報道画、あるいは戦場におけるさまざまな美談や人情話によって、人々を引き付けた側面がある。

しかし、『写真画報』はその一方で、近代的な情報メディアでもあった。『写真画報』は、『実記』よりも広い大衆層を読者として想定していたために、戦記にも美談や武勇伝が多く混じっているが、それでもやはり戦況全体を伝える報道性が備わっている。また、写真のタイトルやキャプションには、誇張・扇情に走る傾向も見られるが、必ずしもそればかりではなく、状況説明的なものも多い。将兵の活躍やロシア軍の卑怯さを視覚化した報道画も重要な役割を果たしたが、読者たちは、それよりも実写画を求めた。戦地写真・地図・実写画・報道文、それらは戦争のリアルな〝情報〟を提供するものである。

そもそも『写真画報』を手にする人々は、写真を見ようとしていたはずである。日露戦争期には、写真入り戦争報道雑誌だけでなく、写真絵葉書や写真幻灯（スライド）、さらには映画が人気を博した。写真印刷物は日清戦争期から制作されたが、限定的であり、広く普及したのは、やはり日露戦争期である。写真や映画は、当時の最先端のメディアであった。それら映像の視覚は、さまざまな問題を含んでいるにしろ、現実の「再現」であり、現実に最も近いイメージであった。新しいメディアが提供する最新の〝情報〟のリアルなイメージもまた、人々を引き付ける要因であったと思われる。

『写真画報』は、「講談」的な世界＝〝情念〟を核としながらも、それを超える近代性＝〝情報〟を兼ね備えたメディアであった。だからこそ、本格的な近代化を迎えようとする当時の人々の心をつかんだのではないだろうか。

報道写真再考——エピローグ

芸術写真の台頭

博文館では、明治三五年（一九〇二）から雑誌『太陽』において、写真の懸賞募集を始めた。柴田常吉はその審査員でもあったが、明治三八年三月、応募写真に対して次のような批判を書いている。

> 全般の進歩を喜ぶ間に於て、作家の傾向、輙もすれば写真の正当なる軌道を逸して、瞞着手段の施され易き朦朧態のみ多からんとするは、また甚だ之を遺憾とす。元来写真は、写さんとする対象を最も明瞭に示し、而かも画題も位置も感賞すべきものを以て上乗と為す。……周囲の大部分を朝霧、暮靄の間に隠すは、作家としては卑怯の挙……。（「懸賞写真の審査」『太陽』一一巻四号、三八年三月一日）

当時の懸賞入選作を見てみると、霞の中に叙情的な風景が浮かび上がっているようなものが多い。柴田が「朦朧態」と呼んでいるのは、このような写真のことであろう。これらの写真に対し、柴田は、大きさや紙にも注意し、対象を明白に写し出すことを主張する。被写体をその周りの情景とともにはっきりと写し出すことを写真の第一義とする柴田の立場は、写真の再現性＝対象を記録し、伝達する機能を重視する立場といえよう。

しかし、柴田のこの見解に対し、『写真月報』（一〇巻三号、三八年三月二二日）に「柴田常吉氏の謬見（びゅうけん）」という反論が掲載された。筆者むらさきは、柴田が写真そのものと被写物を混同しているといい、「写真を見るは其被写物を見るに非（あら）ずして、写真其物を見るなり」と主張する。そして、「作画上不必要なる被写体の一部を、朝霧又は暮靄等にて掩蔽（えんぺい）するは、醇化の一方法なり」として、柴田の批判する「朦朧態」を積極的に評価する。むらさきの立場は、写真そのものの美しさ・完成度を目指すものであり、写真の再現性・記録性よりも作品性・芸術性を重視する立場であるといえよう。

この論争は、写真は〝報道か、アートか〟という現在に続く問題の萌芽ともいえるが、『写真月報』の同号にはもう一本、この論争に関連するエッセイ、加藤精一「写真の終局の目的及「芸術主義」」が掲載されている。この中で加藤は、写真には「実用的方面」と「芸術的方面」があり、対象をできるだけ現実に近く「再現」する前者にも技術は必要だが、「美を理想化する為めの技巧」が必要な後者の方が、前者よりも進歩したものだと述べている。

この論争が深まる間もなく、写真はこの後、むらさきや加藤が擁護する芸術写真の時代に入っていく。明治の末から大正時代にかけて、写真趣味がアマチュアの間に広がり、絵画のような写真が競うように作られた。芸術写真が台頭し、写真の主流となる中、出来事を記録し伝えるニュース写真・記録写真、つまり筆者が本書で報道写真と呼んできたものは、それよりも一段下のものとみなされるようになっていった。

その後、昭和の初めになって、ドイツ発祥の「報道写真」が輸入されるが、ニュース写真・記録写真は、またもその下位に位置付けられることとなった。

報道写真の多義性

ドイツ発祥の「報道写真」とは、何枚かの写真を組み合わせた組写真によって、一つの物語を完成させるものである。日本にこのフォト・ストーリーの手法を持ち込んだのは、ドイツでこれを学んだ名取洋之助（なとりようのすけ）であり、昭和八年（一九三三）に帰国した名取の話を聞いた伊奈信男（いなのぶお）が、これを「報道写真」と名付けた。伊奈は美術評論家であり、写真の評論も手がけていた。名取流の「報道写真」においては、写真はそれが撮影された固有の現場から切り離され、文字のように物語を語る〝記号〟とされた。

しかし当時、「報道写真」という言葉は、もうすでに使われていた。最も早い使用例は、大正一一年（一九二二）の『カメラ』春季特別号に掲載された朝日新聞社の写真募集広告だと思われるが、朝日新聞社では、〝何らかのニュースバリューを持った市井（しせい）の出来事をとらえた写真〟という意味合いで使用していた。したがって、いわば二種類の「報道写真」があったわけだが、日中戦争下の昭和一三年に内閣情報部から『写真週報』が刊行されたのを契機に、報道写真とは何か、何を目指すべきかをめぐって、活発な議論が交わされることとなった。

どんな写真を報道写真と呼ぶのかは、結局は人によって異なったままであったが、写真家たちの間では、報道写真とは、単にことがらを〝描写〟するものではなく、写真家の対象に対する解釈や表現意図という積極的な意識作用を必要とするものだと認識されるようになっていく。そして、写真家が何かを主張するための表現としての「報道写真」、あるいはフォト・ストーリーとしての「報道写真」を狭義の「報道写真」、それにニュース写真・記録写真を含めたものを広義の「報道写真」と考えることにほぼ落ちついていく。ここでも、出来事を〝描写〟するニュース写真・記録写真は、狭義の「報道写真」より劣るものとして、その下位あるいは周辺に位置付けられたのである。

〝記録〟の力

芸術写真も狭義の「報道写真」も、作家性や作品性を重視するものであり、従来の写真史は、明治末期以来のこのような写真観にしたがって、作家の作品としての写真を研究の対象としてきた。その一方で、必ずしも作家性・作品性を重視するものではないニュース写真・記録写真に対する関心は、どちらかといえば薄かった。

名取洋之助は、「写真はあまりにも現実に忠実な記録であるために、すぐ古くなり、記録となる」るという。そして、だからこそ、現実と縁を切ることが重要で、現実の束縛から解き放たれることによって、「何回も見ることができるもの、時間が経っても、たんなる記録以上の価値をもつもの」になり得ると主張した（『写真の読みかた』岩波新書、一九六三年）。

しかし、果たしてそうだろうか。時事的な出来事を写したニュース写真は、確かに日々読み捨てられていく。たいていの場合、名取のいうとおり、「すぐ古くなり」、芸術写真やフォト・ストーリーほどの耐久性を持たない。しかし、ニュース写真や記録写真でも、その出来事の本質に迫り、そこにある問題を記録し、指し示した写真は、「たんなる記録以上の価値をもつ」のではないか。一〇〇年以上の時を超えて、私たちに問題をなげかける写真があることを本書では紹介してきた。写真が写し出せるのは、特定の時間の、特定の場所の情景でしかない。しかし、そこに写し出された「現実」が、戦争や災害のように時空を超えて起こる問題であれば、やはり時空を超えて問題を提起する力を持ち得る。

戦争写真の代表的な論者であるスーザン・ソンタグは、残虐で陰惨な写真・映像について、それらが「そこにある現実の大部分をそっくり伝えるのは無理だとしても、それでもなお映像は重要な機能を果たす。これらの事態をわれわれの記憶に留めよ、と映像は語っている」という（「戦争と写真」『この時代に想う　テロへの眼差し』NTT出版、二〇〇二年）。写真・映像が「重要な機能」を果たすのは、それが現実の記録だからである。

犠牲者・被害者の写真

明治以来、日本のマスメディアは、大きく発達した。しかし、その成長は、戦争とともにあったといわれるほど、日本のマスメディアは、戦争と深く関わってきた。写真もまた同様であり、権力との対抗をはらみながらも、国家・軍部と手を結ぶことで発達してきた。戦争を伝える報道写真は、権力を監視するジャーナリズムの役割を果たすよりも、むしろ国家・軍部のプロパガンダへと傾斜することで、発表の場を広げてきた。

とはいえ、日露戦争においては、写真報道はおおむね現実に忠実であった。日露戦争では、終始日本軍が優勢であり、外国人観戦武官などが多く参加したこともあって、戦況報道は比較的正確だったという。写真報道もまた戦争報道全体の趨勢の中にあった。

昭和のアジア・太平洋戦争期には、〝あるべき国民〟の姿がメディアにあふれたが、明治期の写真が写し出していたのは、戦地で戦い、傷つき、亡くなった将兵たちの姿であり、中には処刑された清国人や韓国人をとらえたものもあった。とはいえ、写真師たちが、積極的に戦争を批判しようとしていたわけではない。彼らもまた、〝国民の戦争〟を喧伝する側にいた。おそらく、大本営写真班の写真師たちも、民間メディアの写真師たちも、〝国民の戦争〟をあらゆる角度から写し取ろうとしていたのだろう。彼らのそのような素朴な熱意と姿勢が、犠牲者たちの姿も記録させたものと思われる。各章でも指摘したが、これらの犠牲者・被害者の写真は、私たちに戦争とは何かを考えさせる貴重な手がかりである。また、これらの写真がメディアに掲載されたということ自体も、メディアの歴史を考えるうえで重要なことであろう。

しかし、その一方で、旅順虐殺事件の写真は封印され、日露戦争期においても、戦死者の写真は次第に隠されるようになっていった。写真家広河隆一は、加害者は必ず被害者・犠牲者の姿を隠すという。写真は現実を写したものであるから、加害の最も有力な証拠となり得る。絵や文での報道は許されていながら、写真が封印・隠蔽された理由は、写真が現実の一部でしかないとしても、現実の記録であり、出来事の現場の状況を包み隠さず、具体的に写し出すからであろう。加害者の証拠となる写真や映像は、加害者の側にとっては、最も不都合なものである。だからこそ、加害者は、犠牲者・被害者の写真や映像に神経を尖らし、それらを隠蔽する。それは今現在も変わらない。それどころか、いっそう深刻な問題となっている。

写真史・写真ジャーナリズム史の課題

二〇〇一年の九・一一事件以後、日本政府も日本の多くのマスメディアもアメリカに追従する道を選んだ。アフガニスタン戦争でも、イラク戦争でも、日本のメディアの多くは、アメリカ側に攻撃された被害者の側の写真、あるいは戦争の遂行に水を差すような記事や写真を欲しがらず、たとえそれが手に入ったとしても使わなかったという。〝お茶の間向きではない〟などとして、犠牲者や被害者の側の情報、知らなければならない情報が隠されている現在の状況に、私たちはどう向き合えばいいのだろうか。

私たち受け手にできることは、何よりそれらの写真や映像を求めることであろう。日露戦争下でも、アジア・太平洋戦争下でも、人々は戦地に送った家族や知人の姿を求めて、新聞や雑誌・画報・映画を見つめた。しかし、現在日本にいる私たちにとって、外国で行われている戦争や紛争の犠牲者や被害者たちは身近ではない。私たちが彼らの写真を求める動機付けは難しいが、おそらくそれは、そこに犠牲者や被害者がいるという想像力しかないだろう。

戦争写真の歴史をひもとけば、それは確かにプロパガンダと地続きであり、必ずしも現実の再現であるとは限らない。しかし、本書で紹介した明治期の写真やアジア・太平洋戦争末期の空襲や原爆の写真など、日本にも戦争の犠牲者や被害者を記録した写真はある。

正視に耐えないようなむごい被害の写真を見ることは、つらく、苦しいことである。それは災害の写真でも同じであり、平成二三年（二〇一一）に東日本大震災の被害を被った私たちにとって、そのつらい経験の記憶はまだ新しい。しかし、それらの写真は、犠牲者や被害者の存在に思いを馳せさせるとともに、周りにある問題に向き合うきっかけを作ってくれもしよう。それが、写真・映像の「重要な機能」であり、それはやはり写真が現実の記録だからこそ持ち得るものだ。

写真の作品性や芸術性も重要ではある。しかし、今まで日本が関わってきた戦争の中で、写真が何を記録し、何を伝えたのか、その検証を進めていくことも必要であろう。どんな写真がどんな形で流通したのか、そして、それらの写真がどんな役割を果たし、どんな問題をはらんでいたのかを歴史的に明らかにすることもまた、写真史研究の課題であると思う。それは、現在の日本の写真ジャーナリズムを見直すことにもつながろうし、犠牲者や被害者への想像力を養う一助にもなり得よう。私自身の課題としても、重く受け止めたい。

あとがき

アジア・太平洋戦争期の視覚メディアを研究対象としてきた私が、明治と関わるようになったきっかけは二つある。

一つは、二〇〇七年秋から朝日新聞社の『明治・大正期紙面データベース』の歴史キーワードを監修する仕事に参加させていただいたことである。ほとんど門外漢だった私の役目は、気鋭の明治・大正史研究者たちの熱い議論に、「一般ユーザーには煩雑すぎませんか」と非専門家の目線で水を差すことだった。とはいえ、当初は戸惑うばかりで、ほとんど何のお役にも立てなかった。新参者なりに調べ方もわかり、どうにか意見を言えるようになった頃には、作業は終盤に入っていた。データベース作成中も勉強させてもらうばかりだったが、完成してからはユーザーとして多いに活用させていただいた。

キーワード監修に誘ってくださった小宮一夫先生（中央大学人文科学研究所客員研究員）ならびに監修チームのまとめ役だった五百旗頭薫先生（東京大学社会科学研究所准教授）に

は、本書の執筆にあたってもご助言をいただいた。両先生をはじめ、そのときお世話になった皆様に、本書をもって少しでもご恩返しができれば幸いです。

もう一つは、土屋礼子先生（早稲田大学政治経済学術院教授）から『明治時代史大辞典』（吉川弘文館、二〇一一年より刊行中）の写真関連項目を書かないかとお声をかけていただいたことである。二〇〇九年の春のことだったが、その頃、私は初めての著作をようやく上梓し、ほっと一息ついたところであった。朝日新聞社のデータベースの件もあり、明治の写真について少し深く勉強してみようと思い、お引き受けした。この辞典項目の執筆が本書につながる。

明治の写真師たちは、昭和の写真家たちに負けず劣らずバイタリティーにあふれ、魅力的だったが、現在では忘れられた写真師もあり、謎も多かった。明治の写真との〝格闘〟は三年近くに渡ったが、力及ばす、謎のままに終わったことも多い。残った謎の解明は、今後の課題とさせていただきたい。

忘れられた写真師たちに関する資料は探しあぐねたが、今回資料とした写真集や新聞・雑誌については、その多くを京阪神の大学や公共図書館で閲覧することができた。比較的手近で多くの資料を集められたことは、私にとっては少々意外でもあったが、ありがたいことだった。写真集については、デジタル化も進んでおり、その恩恵にもあずかった。

とはいえ、所蔵が限られているものもあり、横浜開港資料館の松本洋幸氏、秋田県立図書館の山崎裕介氏には、ご高配を賜った。土屋礼子先生には貴重な資料を譲っていただいたばかりでなく、多くのご教示をいただいた。別府三奈子先生（日本大学大学院新聞学研究科・法学部教授）と写真ジャーナリズム史研究について議論させていただいたことも、私にとっては非常に有役であった。また、修士時代の指導教授である赤澤史朗先生（立命館大学法学部教授）からも、多くのご示唆と励ましのお言葉をいただいた。本書の執筆にあたっては、他にも多くの方々からご教示、ご協力を賜った。お世話になった皆様に厚くお礼申し上げます。

最後に、吉川弘文館編集部の伊藤俊之氏と若山嘉秀氏にもお礼を申し上げたい。お二人の的確なアドバイスと手厚いフォローがなければ、本書は完成しなかった。図版掲載についても無理を聞いていただいた。本書製作に携わってくださった皆様に感謝いたします。

最後の最後に私事を書くことをお許しいただきたい。私の母方の祖父は海軍の軍人で、旅順で勤務していたことがある。日露戦争の三〇年ほど後のことになる。母は旅順で授かった子なので、旅順の「順」の字をとって順子（のぶこ）と名付けられた。母によれば、祖母は「旅順はよかった。もう一度行きたい」と懐かしむことがあったという。

思いがけず旅順の写真を多く見ることになったのは、あるいは亡くなった祖父の導きであったのかもしれない。祖父の霊と今年九七歳になった祖母、そして、気ままな研究生活を続ける娘をいつも応援してくれている母にも感謝を捧げたい。

二〇一二年四月

井上祐子

著者紹介

一九六三年、大阪府に生まれる
一九八六年、大阪市立大学経済学部卒業
一九九七年、立命館大学国際関係研究科前期博士課程修了
現在、京都外国語大学非常勤講師

主要著書

『戦時グラフ雑誌の宣伝戦—十五年戦争下の「日本」イメージ—』(青弓社、二〇〇九年)

歴史文化ライブラリー
348

日清・日露戦争と写真報道
戦場を駆ける写真師たち

二〇一二年(平成二十四)七月一日　第一刷発行

著者　井上(いのうえ)祐子(ゆうこ)
発行者　前田求恭
発行所　株式会社 吉川弘文館
東京都文京区本郷七丁目二番八号
郵便番号一一三—〇〇三三
電話〇三—三八一三—九一五一〈代表〉
振替口座〇〇一〇〇—五—二四四
http://www.yoshikawa-k.co.jp/
印刷＝株式会社 平文社
製本＝ナショナル製本協同組合
装幀＝清水良洋・星野槙子

歴史文化ライブラリー

1996.10

刊行のことば

現今の日本および国際社会は、さまざまな面で大変動の時代を迎えておりますが、近づきつつある二十一世紀は人類史の到達点として、物質的な繁栄のみならず文化や自然・社会環境を謳歌できる平和な社会でなければなりません。しかしながら高度成長・技術革新にともなう急激な変貌は「自己本位な刹那主義」の風潮を生みだし、先人が築いてきた歴史や文化に学ぶ余裕もなく、いまだ明るい人類の将来が展望できていないようにも見えます。このような状況を踏まえ、よりよい二十一世紀社会を築くために、人類誕生から現在に至る「人類の遺産・教訓」としてのあらゆる分野の歴史と文化を「歴史文化ライブラリー」として刊行することといたしました。

小社は、安政四年（一八五七）の創業以来、一貫して歴史学を中心とした専門出版社として書籍を刊行しつづけてまいりました。その経験を生かし、学問成果にもとづいた本叢書を刊行し社会的要請に応えて行きたいと考えております。

現代は、マスメディアが発達した高度情報化社会といわれますが、私どもはあくまでも活字を主体とした出版こそ、ものの本質を考える基礎と信じ、本叢書をとおして社会に訴えてまいりたいと思います。これから生まれでる一冊一冊が、それぞれの読者を知的冒険の旅へと誘い、希望に満ちた人類の未来を構築する糧となれば幸いです。

吉川弘文館

〈オンデマンド版〉
日清・日露戦争と写真報道
戦場を駆ける写真師たち

歴史文化ライブラリー
348

2022年（令和4）10月1日　発行

著　者　井上祐子（いのうえゆうこ）
発行者　吉川道郎
発行所　株式会社　吉川弘文館
〒113-0033　東京都文京区本郷7丁目2番8号
TEL　03-3813-9151〈代表〉
URL　http://www.yoshikawa-k.co.jp/

印刷・製本　大日本印刷株式会社
装　幀　清水良洋・宮崎萌美

井上祐子（1963～）

ISBN978-4-642-75748-5